Anke Schmidt

111 Wege zu deinem nachhaltigen Leben

Lebe freier, gesünder und spare Zeit und Geld

Impressum
© 2020 Anke Schmidt

1. Auflage

Umschlaggestaltung, Illustration: Kristina Stolz
Lektorat, Korrektorat: Caroline Meletzki, Kerstin Winter
Herausgeber: Anke Schmidt
weitere Mitwirkende: Yvonne Schlothauer, Sonja Manns

Druck: WIRmachenDRUCK GmbH, Mühlbachstraße 7, 71522 Backnang

ISBN Taschenbuch: 978-3-00-065036-9
ISBN e-Book: 978-3-00-065394-0

Bibliografische Information der Deutschen Nationalbibliothek:
Die Deutsche Nationalbibliothek verzeichnet diese Publikation in der Deutschen Nationalbibliografie; detaillierte bibliografische Daten sind im Internet über http://dnb.d-nb.de abrufbar.

Inhaltsverzeichnis

wasteless_hero

wastelesshero.com

DAS BIN ICH
ICH BIN ANKE UND ICH BIN EIN WASTELESSHERO.

Das Leben, welches meine vierköpfige Familie heute führt, setzt sich aus einer Summe von kleinen Entscheidungen zusammen, die wir im Laufe der letzten sieben Jahre getroffen haben. Die daraus entstandene geistige Haltung lässt uns immer freier und selbstbestimmter werden.
Ich bin eine ehrliche, neugierige und offenherzige Person. Viele Leute in meinem Umfeld sagen, ich bin mutig. Ich liebe die Freiheit und das Lernen von Neuem. Rationalität und Mitgefühl sind mir gleichermaßen wichtig. Deshalb habe ich irgendwann beschlossen, darauf zu achten, weniger Plastik zu nutzen. Das war der erste Schritt in Richtung Nachhaltigkeit. Auf diesen folgten viele weitere, wie z.B. Zero Waste zu leben, rein pflanzliche und aus biologischem Anbau stammende Lebensmittel zu essen sowie weniger zu konsumieren und zu fliegen.

Seit dem Ende meiner Schulzeit habe ich mich ununterbrochen weitergebildet. Meine ersten beruflichen Erfahrungen machte ich im E-Commerce. Gleichzeitig absolvierte ich ein Studium der Wirtschaftswissenschaften. Ich arbeitete jahrelang in Bereichen der Informatik, der Grafik und des Marketings, bis ich schließlich einen Online-Shop gründete, der mehrere Millionen Euro Umsatz pro Jahr machte. Schnell übernahm ich dort die Rolle der Bereichsleiterin und so hatte ich mit Ende 20 bereits einen Karriereweg hinter mir, von dem viele Menschen träumen.
Bei mir persönlich trat schnell Ernüchterung ein, denn mich selbst hat diese Entwicklung nicht so glücklich gemacht, wie ich es erwartet hatte.
Meine Freundschaften, meine Beziehung und meine Leidenschaft zum Backen haben unter meinem damaligen Lebensstil sehr gelitten, da ich sehr viel Zeit mit meinem Job verbracht habe. Auch in meiner Freizeit. Und dafür weniger Zeit mit Freunden und Familie. Zudem wurde das tiefe Bedürfnis nach Sinnstiftung und Mehrwert immer lauter in mir. Als logische Konsequenz stellte ich meinen Umgang mit der Umwelt in Frage und kam ins Handeln.
Das Thema Zero Waste war damals in 2014 noch relativ unbekannt und in den Medien eher unterrepräsentiert – es gab kaum Informationen dazu im Internet. Und so beschloss ich, mein gesammeltes Wissen zum Thema Zero Waste mit so vielen Menschen wie möglich zu teilen und erwarb meine erste Domain. Im Jahr 2014 erschien der erste Beitrag auf meinem Blog www.wastelesshero.com und seitdem teile ich dort aktiv meine Erfahrungen über eine nachhaltige Lebensweise. Für mich sind die Auseinandersetzung mit dem Thema sowie die damit einhergehenden Veränderungen auf vielen Ebenen absolut bereichernd. Die Umsetzung von Nachhaltigkeit gestaltet sich für jede Person anders. Gleichzeitig ist sie so einfach, dass ich es für fahrlässig hielt, mein Wissen nicht zu teilen. Deswegen hältst du nun mein erstes Buch in deinen Händen.

Kapitel 1 –
Das Badezimmer

Wusstest du, dass...

… unsere tägliche Körperpflege, z.B. die
Dusche am Morgen oder ein Vollbad,
und die Nutzung der Toilette mehr als die
Hälfte des privaten Wasserverbrauchs
verursacht?[1]

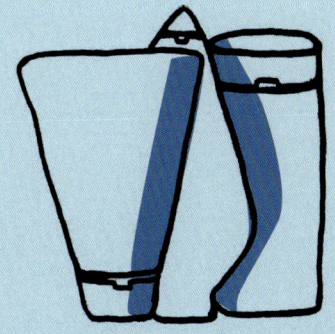

… ein/e Deutsche/r pro Jahr durchschnittlich 11,1 Packungen Duschgel, zehn Flaschen Shampoo und 3,7 Packungen Flüssigseife verbraucht?[2]

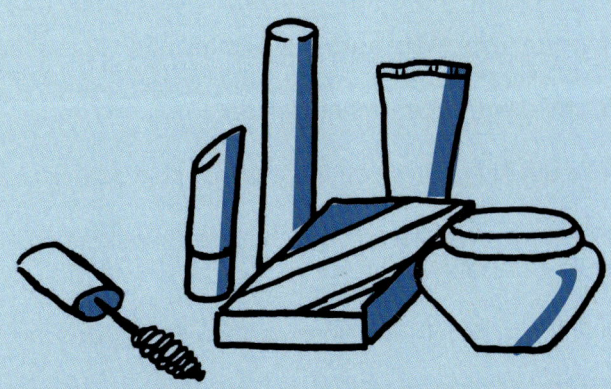

… ein Viertel aller Frauen in den westlichen Industrieländern bis zu 15 Kosmetik-Produkte täglich benutzt? Viele davon enthalten Mikroplastik und Chemikalien. Einige davon können deiner Gesundheit schaden.[3]

11 Wege für mehr Nachhaltigkeit im Badezimmer

1. Drehe das Wasser beim Einseifen ab und dusche weniger.

2. Installiere einen Duschkopf mit Wassersparfunktion.

3. Optimiere die Nutzung deiner Waschmaschine.

4. Verbrauche alle Produkte in deinem Badezimmer und kaufe nur das neu, was du wirklich benötigst.

5. Nutze Naturkosmetik oder kreiere deine eigenen Pflegeprodukte.

6. Nutze das Allround-Talent Öl.

7. Verwende feste Seife anstatt Duschgel und Flüssigseife.

8. Wasche deine Haare schadstofffrei.

9. Greife auf Alternativen zu Plastikprodukten zurück.

10. Nutze langlebige, wiederverwendbare Produkte und achte auf Bio-Qualität.

11. Kaufe Recycling-Toilettenpapier und eine Po-Dusche.

1. Drehe das Wasser beim Einseifen ab und dusche weniger.

Wenn du dich unter der Dusche einseifst, lässt du das Wasser dann weiterlaufen? So war es bei mir auf jeden Fall. Schalte das Wasser während des Einseifens ab, so fließt weniger Wasser ungenutzt in den Ausguss. Gehörst du zu den Täglich-Duschern, so wie ich früher? Versuche, „nur" alle zwei Tage zu duschen.

Zunächst mag das alles wie ein Nachteil klingen, denn für viele Menschen ist die (tägliche) Dusche am Morgen ein festes Ritual, um überhaupt wach zu werden. Versuche es stattdessen doch einfach mal mit einer Übung: Stelle dich gerade hin und fange an, deinen ganzen Körper durchzuschütteln, am besten für eine Minute. Schüttele die Arme und Beine kräftig aus, schüttele den Kopf und - wenn du Lust hast - hüpfe einfach noch ein paar Mal auf und ab. Fühlst du dich danach wacher? Perfekt!

Neben dieser neuen Morgenroutine gibt es noch viele weitere Vorteile:

SPARE GELD

Durchschnittlich verbrauchst du beim Duschen 10 Liter Wasser pro Minute. Im Schnitt dauert eine Dusche acht Minuten und kostet 1,07 Euro. Angenommen, du seifst dich zwei Minuten lang ein und drehst dabei das Wasser ab, dann sparst du 20 Liter Wasser ein. Das sind, je nach Warm-Wasser-Aufbereitung, 0,26 Euro pro Duschgang. Solltest du 365 Mal im Jahr duschen, gewinnst so knapp 100 Euro[4]. Duschst du seltener, sparst du noch mehr Geld! Nämlich 1,07 Euro pro Duschgang.

GEWINNE ZEIT

Wenn du weniger duschst, hast du bis zu sechs bis elf Minuten mehr Zeit[5]. Die kannst du am Morgen bspw. länger im Bett liegen bleiben.

LEBE GESÜNDER

Langes Duschen kann die Haut austrocknen und den natürlichen Fettsäureschutzmantel der Haut angreifen.[5] Stellst du das Wasser während des Einseifens ab, tust du gleichzeitig deiner Haut etwas Gutes!

SEI UMWELTHELD/IN

Duschst du seltener, verbrauchst du weniger Pflegeprodukte und verursachst damit automatisch weniger Verpackungsmüll. Natürlich werden auch weniger Strom und Wasser benötigt, was kostbare Ressourcen schont. Bis zu 30 % des Wassers kannst du allein schon durch das Abschalten des Wassers einsparen.

2. Installiere einen Duschkopf mit Wassersparfunktion.

Ein Duschkopf mit Wassersparfunktion lässt maximal neun Liter Wasser pro Minute fließen. Zum Vergleich: bei Regenduschen sind das 20 Liter pro Minute[6]. Du bekommst diesen im Baumarkt ab 20 Euro. Natürlich musst du dich einmal dazu aufraffen, den Duschkopf einzukaufen und zu montieren. Das ist es jedoch wert, denn Vorteile ergeben sich eine ganze Menge.

SPARE GELD

Knapp 500 Euro kannst du durch diese Art der Wasserregulierung pro Jahr einsparen.[7]

SEI UMWELTHELD/IN

Durch die Installation des Duschkopfes kannst du knapp 50 % Wasser einsparen.

3. Optimiere die Nutzung deiner Waschmaschine.

Je niedriger die Temperatur bei einem Waschgang ist, desto preiswerter ist der Waschgang. Die meiste Energie wird beim Wäschewaschen für das Erhitzen des Wassers benötigt. Wasche deine Wäsche öfter bei 30 Grad anstatt höhere Temperaturen einzustellen. Wähle außerdem das Öko- oder Eco-Spar-Waschprogramm, falls deine Waschmaschine über ein solches verfügt. Mache die Waschmaschine so voll wie möglich. Das spart Waschgänge. Informiere dich zudem genau darüber, wie dein Waschmittel dosiert werden sollte. Auch das trägt zu einem sauberen Waschergebnis bei.
Lasse deine Wäsche an der Leine trocknen, wenn du die Möglichkeit dazu hast. Gerade im Sommer dauert das häufig nur ein paar Stunden.
Ein interessanter Nebeneffekt für weiße Wäsche ist, dass diese durch das Sonnenlicht gebleicht wird. Verabschiede dich außerdem von Weichspüler. Haushaltsessig stellt dafür eine gute Alternative dar, ein Schuss davon genügt. Der Geruch verfliegt nach kurzer Zeit! Deine Wäsche-Routine entsprechend anzupassen erfordert die Umstellung deiner bisherigen Gewohnheiten. Das wird einige Zeit dauern, doch die Investition lohnt sich.

SPARE GELD

Durch die niedrigere Temperatur, die richtige Waschmittel-Dosierung und das Trocknen ohne Trockner kannst du mehr als 100 Euro pro Jahr einsparen.

LEBE GESÜNDER

Weichspüler enthält meist viele unnötige Chemikalien, die nach dem Waschen in deiner Kleidung bleiben. Lässt du Mittel wie Weichspüler weg, tust du deiner Wäsche und damit deiner Haut etwas Gutes.

SEI UMWELTHELD/IN

Durch das Verwenden eines anderen Waschprogramms sparst du Wasser und Strom.[8,9] Mit dem Weglassen des Weichspülers führst du auch dem Wasser und somit der Umwelt weniger schädliche Stoffe zu. Weniger Waschmittel und keinen Weichspüler zu verwenden bedeutet zudem, dass weniger Verpackungsmüll anfällt.

 TIPP

Wusstest du, dass Kleidung mit Synthetik-Anteil (z.B. Fleece-Pullover) beim Waschen kleinste Mikroplastik-Teile ins Wasser abgeben kann? Um das zu verhindern, gibt es einen Waschsack, der diese kleinen Teile direkt auffängt und sammelt: Den Guppyfriend, den findest du zum Beispiel in meinem Online-Shop.[10] Du füllst deine Wäschestücke einfach dort hinein und legst den gefüllten Waschsack dann in deine Waschmaschine.

4. Verbrauche alle Produkte in deinem Badezimmer und kaufe nur das neu, was du wirklich benötigst.

Bewusster Konsum führt zu einem nachhaltigeren Leben. Ich selbst hatte eine ganze Schublade voll mit Drogerieartikeln, die ich nicht genutzt habe. Drei Shampoos, zwei Haarkuren, Duschgels, zehn Nagellacke etc..
Das hatte zur Folge, dass ich hin und wieder etwas ungenutzt oder halbvoll entsorgt habe - entweder, weil das Produkt abgelaufen war, oder weil gefühlt einfach zu viel im Badezimmer stand. Das Aufbrauchen aller deiner Pflegemittel kann mehrere Monate dauern, aber es lohnt sich. Bleib dran! Vielleicht kannst du auch einen Teil an Freund/innen abgeben.
Sobald ein Produkt leer ist, überlege dir gut, ob du es in Zukunft wirklich brauchen wirst. Wenn ja, informiere dich darüber, ob du es selbst herstellen kannst. Peeling ist dafür ein gutes Beispiel, denn du kannst es aus Kaffeesatz und Sonnenblumenöl ganz einfach selber machen. Informiere dich außerdem vor dem Kauf neuer Produkte ausführlich über dessen Inhaltsstoffe. Prüfe, ob Naturkosmetik für dich in Frage kommt.
Jedes aufgebrauchtes Produkt ist ein Fortschritt und bringt dich weiter!
Dein Badezimmer wird leerer, es steht weniger herum und du wirst schnell merken, welche Produkte du wirklich brauchst und welche positiven Auswirkungen weniger Ballast mit sich bringen kann.

SPARE GELD

Nach und nach wirst du feststellen, dass du einige Produkte nicht mehr benötigst. Du wirst weniger einkaufen. Auch das Selbermachen spart einiges an Geld ein.

GEWINNE ZEIT

Steht weniger im Badezimmer herum, räumst du seltener auf, bist beim Putzen schneller und sparst Zeit bei der Körperpflege.

LEBE GESÜNDER

Weniger Kosmetik-Produkte bedeuten auch weniger mögliche Schadstoffe, die du deiner Haut und deinem Körper zuführst.

SEI UMWELTHELD/IN

Nutzt du weniger Produkte, fällt weniger Verpackungsmüll an. Ich spare so mehr als vier Plastiktuben pro Monat ein (Cremes, Shampoos, Kuren, Peelings, etc.). Zudem landen die Stoffe aller Kosmetik-Produkte, die du nutzt, irgendwann in der Umwelt, z.B. nach dem Abschminken, dem Händewaschen, dem Abwaschen des Peelings.
Auch dem wirkst du durch die Nutzung weniger Produkte entgegen.

5. Nutze Naturkosmetik oder kreiere deine eigenen Pflegeprodukte.

Im Schnitt nutzen Frauen knapp 15 Pflegeprodukte pro Tag. In vielen davon steckt Mikroplastik, z.B. in Peelings in Form von Schleifmittel für die Haut. Viele weitere schädliche Chemikalien können in diesen Produkten enthalten sein.[11] Manche Kosmetika basieren zudem auf Erdöl und/oder enthalten sogar krebserregende Substanzen. Vielleicht hast du schon einmal von Aluminium im Deo gehört.[12]

Greife stattdessen auf Naturkosmetik zurück oder stelle deine Pflegeprodukte selbst her. Letzteres erfordert ein bisschen mehr Zeit im Vergleich zum Einkauf des Produktes in der Drogerie. Dennoch ersparst du deinem Körper und der Umwelt eine Menge Chemie. Zudem weißt du genau, was in deinem selbstgemachten Kosmetikprodukt enthalten ist und es macht Spaß, etwas selbst herzustellen. Lade vielleicht ein paar Freund/innen ein und macht an einem Abend einmal Bodybutter oder Deocreme selbst.

SPARE GELD

Hier nur ein Beispiel. Eine selbstgemachte Deocreme kostet dich im Schnitt einen Euro. Eine vergleichbare Menge gekaufte Deocreme kostet dich sieben bis 12 Euro.

LEBE GESÜNDER

Du führst deiner Haut und deinem Körper weniger mögliche Schadstoffe zu, da selbst hergestellte Produkte meist aus natürlichen Zutaten bestehen und die meisten Naturkosmetikprodukte bereits ohne Mikroplastik & Co. auskommen.

GEWINNE ZEIT

Der Ehrlichkeit halber: Selbermachen erfordert mehr Zeit als der Einkauf eines fertigen Produkts, macht jedoch doppelt soviel Spaß!

VERMEIDE MÜLL

Weniger gekaufte Kosmetik bedeutet auch weniger Müll. Machst du z.B. dein Deo selbst, sparst du mehr als sechs Plastik- /Glasverpackungen pro Jahr. Zudem gelangen dadurch weniger Schadstoffe in unser Wasser. Viele Kosmetikprodukte enthalten Mikroplastik. Dieses gelangen dann durch die Nutzung von belasteten Peelings, Creme oder Duschgel direkt vom Waschbecken in unsere Meere, wenn du es von der Haut abwäschst.[13]

 TIPP

Wenn du Kosmetik kaufen willst, lohnt sich ein Wechsel zur Naturkosmetik. Informiere dich vorher über die Inhaltsstoffe. Der BUND-Einkaufsratgeber ist hierfür eine gute Quelle.

6. Nutze das Allround-Talent Öl.

Öl ist ein unfassbares Allround-Talent. Ich nutze es mittlerweile als Haar-pflege für die Spitzen, für den Körper, als Lippenbalsam, bei trockenen Händen, zum Abschminken, für das Gesicht, als Inhaltsstoff für Deocremes und viele andere Dinge. Früher hatte ich für all diese Dinge jeweils ein Pro-dukt, das in Plastik verpackt war und unfassbar viele Inhaltsstoffe enthielt, die ich alle nicht kannte.
Es gibt unterschiedliche Öle für unterschiedliche Hauttypen. Kaltgepresstes Sonnenblumenöl eignet sich für jeden Hauttyp. Bei trockener Haut kannst du Rapsöl, bei empfindlicher Haut Mandelöl und bei fettiger Haut Sonnen-blumenöl nutzen.[14] Fülle dir einfach ein wenig Öl in ein kleines Fläschchen um und stelle es in dein Badezimmer. Das eignet sich auch gut zum Mitnehmen. Bitte beachte bei der Nutzung, dass du das Öl auf die feuchte Haut aufträgst.
Am Anfang müssen sich Haut und/oder Haare an die neue Pflege gewöhnen. Vor allem, wenn du vorher jahrelang gekaufte Cremes u.ä. genutzt hast.
Gib deiner Haut und deinem Haar diese Zeit. Verwendest du zudem Öle in Bio-Qualität, hast du wohl das gesündeste Pflegeprodukt, das es gibt.

SPARE GELD

Anstatt Bodylotion, Haarkuren, Spitzenpflege, Bartöl uvm. benötigst du lediglich ein einziges Produkt. Ich spare so 10-20 Euro im Monat. Zudem sparst du Platz! Frage in der Apotheke nach, was die Zutaten dort kosten. Die sind oft sehr günstig und du kannst sie in mitgebrachte Behälter abfüllen lassen.

GEWINNE ZEIT

Die Ablagen in deinem Bad sind nahezu leer. Es steht weniger herum, sodass du eine Menge Zeit beim Aufräumen oder Putzen sparst.

LEBE GESÜNDER

Du schützt deine Haut und deinen Körper vor Schadstoffen, Mikroplastik und Aluminium.

SEI UMWELTHELD/IN

Öl ersetzt durch seine vielfältigen Eigen-schaften eine Vielzahl verschiedener Pflegeprodukte. Außerdem ist es meist in Glasflaschen abgefüllt.
Dein Verpackungsmüll pro Jahr schwindet demnach auf ein Minimum. Zudem müssen weniger Produkte her-gestellt werden, da du weniger Produkte konsumierst, was wiederum Ressour-cen einspart.

7. Verwende feste Seife anstatt Duschgel und Flüssigseife.

Wenn deine Flüssigseife leer ist, hol dir ein Stück feste Seife zum Hände- und Körperwaschen. Das ist einer der einfachsten Wege, um mehr als elf Flaschen Duschgel und knapp vier Flüssigseifen zu ersetzen. Seitdem es Flüssigseife in allen Duft- und Farbrichtungen gibt (sogar mit Glitzer), ist die Seife am Stück gefühlt aus unserem Leben verschwunden. Zudem sind Seifenstücke in Verruf geraten, weil sie unhygienisch sein sollen. Laut Stiftung Warentest sind sie für den privaten Haushalt jedoch völlig un-bedenklich nutzbar.[15] Seifenstücke lagerst du am besten auf einem Luffaschwamm oder in einer Seifenschale.[10] So trocknen sie nach der Nutzung wieder gut. Achte beim Einkauf von Seifenstücken darauf, dass diese in Deutschland hergestellt wurden und frei von tierischen Inhaltsstoffen sind. Regional hergestellte Produkte sparen CO_2, da die Transportwege kürzer sind. Das Stück Seife ist natürlich in seiner Konsistenz und Hand-habung etwas völlig anderes als ein flüssiges Duschgel. Du musst dich vielleicht an die Nutzung eines anderen Produktes gewöhnen. Dennoch bringt es jede Menge Vorteile mit sich. Nicht zuletzt, weil es im Bad viel schöner aussieht als eine Plastikflasche.

SPARE GELD

Ein Stück Seife ist sehr ergiebig. 11,1 Packungen Duschgel pro Jahr kannst du mit 2,3 Seifenstücken ersetzen. Kostet ein günstiges Duschgel zwei Euro pro Stück, sind das im Jahr ca. 22 Euro. Drei Stücke hochwertige Bio-Seife kosten 18 Euro (2,3 Stücke 13,80 Euro). Du kannst demnach mehr als 8 Euro pro Jahr sparen.

LEBE GESÜNDER

Flüssigseife und Duschgels enthalten oft Konservierungsstoffe, Mikroplastik und viele weitere Chemikalien. Diese sind schädlich für deinen Körper.[11] Durch die Nutzung fester, natürlicher Seife schützt du ihn, da hier meist keine dieser Stoffe enthalten sind. Zudem sorgst du dafür, dass weniger unnötige Chemikalien in unser Wasser und unsere Umwelt gelangen.

SEI UMWELTHELD/IN

Durch den Umstieg auf feste Seife sparst du ca. 11 Flaschen Duschgel und 3,7 Flüssigseifen pro Jahr ein. Das sind nach zehn Jahren 148 Plastikflaschen! Zudem besteht Flüssigseife zu 85 % aus Wasser. Sie ist damit im Vergleich zu Seifenstücken schwerer und somit fällt beim Transport mehr CO^2 an.[16]

8. Wasche deine Haare schadstofffrei.

Ich hatte früher zwei unterschiedliche Shampoos, eine Haarkur während der Dusche, eine für danach und noch ein Produkt zur Spitzenpflege. Das waren zum einen sehr viele Plastikflaschen und zum anderen sehr viele Produkte mit unterschiedlichen Chemikalien.

Mittlerweile nutze ich Roggenmehl-Shampoo oder festes Shampoo. Haarkuren und Spülungen benutze ich nicht mehr.

Seitdem ich das feste Shampoo nutze, sehen meine Haare besser aus und fühlen sich besser an. Ich habe mehrere Shampoos und Seifen getestet, bis ich meinen Liebling gefunden habe. Lasse dich also nicht entmutigen, wenn das erste Produkt, das du probierst, nicht das richtige für dich ist. Es kann ein wenig dauern, bis du deinen Favoriten gefunden hast. Aber es lohnt sich!

SPARE GELD

Früher habe ich in der Drogerie bei einem Einkauf knapp 15 Euro bis 25 Euro für Haarpflege-Produkte ausgegeben, das sind ca. 60 bis 100 Euro pro Jahr. Das feste Shampoo, welches ich nutze, hält knapp ein halbes Jahr und kostet 8 Euro[10]. Pro Jahr macht das 16 Euro. Ich spare demnach 45 bis 85 Euro pro Jahr.

GEWINNE ZEIT

Ich nutze keine Haarkur mehr und das spart mindestens 3 Minuten pro Haarwäsche. Zudem wasche ich meine Haar seltener, da sich meine Haare mittlerweile von den konventionellen Pflegeprodukten erholt haben und nicht mehr so schnell fetten. Auch das spart Zeit. Früher wusch ich meine Haare vier bis fünf Mal die Woche, heute ein bis zwei Mal. Wäschst du deine Haare weniger, regeneriert sich deine Kopfhaut schneller. Große Mengen Shampoo und häufige Wäschen trocknen die Kopfhaut aus.[17]

LEBE GESÜNDER

13 von 26 getesteten Haarkuren enthielten, laut Ökotest, Plastikbestandteile. Diese kannst du deiner Kopfhaut und unserem Wasser durch die Nutzung von festem Shampoo aus natürlichen Rohstoffen ersparen.[18]

SEI UMWELTHELD/IN

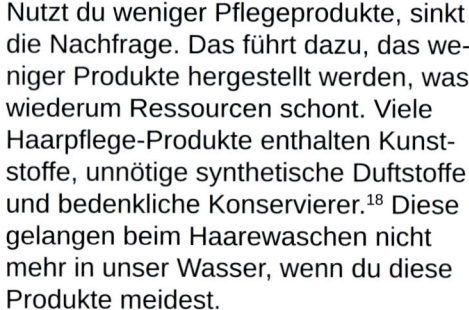

Nutzt du weniger Pflegeprodukte, sinkt die Nachfrage. Das führt dazu, das weniger Produkte hergestellt werden, was wiederum Ressourcen schont. Viele Haarpflege-Produkte enthalten Kunststoffe, unnötige synthetische Duftstoffe und bedenkliche Konservierer.[18] Diese gelangen beim Haarewaschen nicht mehr in unser Wasser, wenn du diese Produkte meidest.

9. Greife auf Alternativen zu Plastikprodukten zurück.

Alternativen gibt es so unendlich viele: Bambus-Zahnbürsten anstatt Plastik-Zahnbürsten, Rasierhobel anstatt Einwegrasierer, Zahnseide, die auf Mais anstatt auf Erdöl basiert, festes Shampoo und feste Seife anstatt Shampoo und Seife in Plastikflaschen oder Holzbürsten anstatt Plastikbürsten.
Manche Produkte wirken auf den ersten Blick teurer. So kostet z.B. ein Rasierhobel mindestens 30 Euro. Die Klingen sind hingegen um ein Vielfaches günstiger als bei konventionellen Rasierern. Zudem hält der Rasierhobel jahrelang.
Die meisten Produkte aus Plastik basieren auf Erdöl und enthalten viele unnötige Stoffe. Meist haben die Alternativ-Produkte eine wesentlich höhere Lebensdauer und du sparst somit Geld und Ressourcen. Weniger Plastik im Badezimmer sieht zudem immer schöner aus.

SPARE GELD

Auf den ersten Blick scheinen die Alternativen teurer. Da sie jedoch meist länger haltbar und ergiebiger sind, kannst du über einen längeren Zeitraum viel Geld sparen. Für eine 10er Packung Rasierklingen werden zwei Euro fällig. Acht Rasierklingen für einen Plastikrasierer kosten mehr als 15 Euro. Die Haltbarkeit der beiden Klingensorten ist vergleichbar und somit sparst du beim Kauf eines Rasierhobels auf Dauer einiges an Geld.

LEBE GESÜNDER

Du ersparst deinem Körper und der Umwelt eine Menge schädlicher Stoffe, da Einwegprodukte wie Plastikrasierer oder Zahnseide oft aus erdölbasiertem Plastik bestehen und BPA enthalten können. BPA wird immer wieder mit Unfruchtbarkeit, Krebs und Veränderungen des Erbgutes in Verbindung gebracht.[19] Zudem ist Erdöl eine endliche Ressource, also irgendwann aufge-braucht.

SEI UMWELTHELD/IN

Alternativ-Produkte aus Edelstahl oder Holz sind meist viel langlebiger als Plastikprodukte, sodass weniger oft neue Produkte hergestellt werden müs-sen, was wiederum Ressourcen spart.

10. Nutze langlebige, wiederverwendbare Produkte und achte auf Bio-Qualität.

Anstelle von Wegwerf-Abschminkpads kannst du waschbare Abschminkpads aus Bio-Baumwolle verwenden. Wegwerg-Tücher kannst du mit Stofftaschentücher, Handtücher und Waschlappen aus Bio-Baumwolle ersetzen. Waschbare, langlebige Produkte wirken zunächst aufgrund ihrer erstmaligen Anschaffung teurer. Außerdem ist deren Nutzung eine Gewöhnungssache, die Zeit erfordert.

Dennoch ist die Nutzung wiederverwendbarer Produkte besser für die Umwelt und für dich, denn beim Anbau von Bio-Baumwolle ist der Einsatz von chemischen Pestiziden und Düngemitteln verboten. Zudem müssen Bauern einen Fruchtwechsel einhalten, was für einen besseren Boden sorgt.[20]

LEBE GESÜNDER ☀

Produkte, die nicht aus Bio-Baumwolle sind, können mit Pestiziden belastet sein.[20] Für die Reinigung empfindlicher Bereiche, wie z.B. deiner Augen, würde ich demnach auf Abschminkpads aus Bio-Baumwolle zurückgreifen.

SEI UMWELTHELD/IN

Durch waschbare Produkte kannst du eine Menge Müll einsparen, z.B. sechs Plastikpackungen Abschminkpads pro Jahr (angenommen du schminkst dich mit einem Pad pro Tag ab und kaufst eine Verpackung mit 60 Stück).

Abschminkpads aus Stoff sind klein und du kannst sie einfach mit deiner normalen Wäsche waschen, ohne einen Mehraufwand zu haben.

11. Kaufe Recycling-Toilettenpapier und nutze eine Po-Dusche.

46 Rollen Toilettenpapier nutzt jede/r Deutsche durchschnittlich im Jahr.[21] Ca. 19 Kilogramm Küchenrolle und Toilettenpapier verbrauchen die Deutschen jährlich im Durchschnitt.[22] Beides wird aus sogenannten Frischfasern hergestellt. Das bedeutet, dass für die Produktion beider Produkte Bäume gefällt und weiterverarbeitet werden, z.B. Kiefern, Fichten, Birken oder Eukalyptus-Bäume.[23] Der Herstellungsprozess erfordert eine hohe Menge an Energie und Wasser. All dem kannst du entgegenwirken, indem du Recycling-Toilettenpapier nutzt und deinen Papierverbrauch generell senkst, z.B. durch die Nutzung einer Po-Dusche oder eines Bidets. Hierbei reinigst du dich mit Wasser und nimmst Toilettenpapier nur noch bei Bedarf. Das spart eine Menge Papier und damit auch Geld ein. An die Nutzung der Po-Dusche müsstest du dich erst gewöhnen. Zudem denken viele bei Recycling-Toilettenpapier an das graue, kratzige Papier aus der Schule. Die Zeiten des grauen und rauen Papiers sind schon lange vorbei. Mittlerweile gibt es sehr gutes, weiches und reißfestes Recycling-Toilettenpapier, das du anstelle von 4-lagigem, rein weißem Papier nutzen kannst. Außerdem werden für die Herstellung von Recycling-Toilettenpapier Rohstoffe weiter verwertet, die bereits einmal genutzt wurden.

SPARE GELD

Nutzt du weniger Toilettenpapier, sparst du beim Einkauf Geld ein. Zudem ist Recycling-Papier oft günstiger als 4-lagiges Toilettenpapier mit Blümchenduft.

LEBE GESÜNDER

Vor allem feuchtes Toilettenpapier kann deinem Körper schaden. Es wurden tatsächlich Stoffe darin gefunden, die deine Schleimhäute reizen und Allergien auslösen können.[24]

SEI UMWELTHELD/IN

Bei der Herstellung von Recycling-Toilettenpapier werden bis zu 60 % weniger Energie und 70 % weniger Wasser verbraucht als bei anderen Papieren.[25] Nutzt du unterstützend eine Po-Dusche, sparst du Toilettenpapier und damit Wasser bei der Herstellung ein und duschst ggf. auch weniger, da du dich länger frisch fühlst.

(!) TIPP

Anhand des Symbols „Blauer Engel" erkennst du Recycling-Toilettenpapier. Das Siegel gilt auch für Druckerpapier, Kosmetiktücher usw..

Kapitel 2 –
Pflege- und Reinigungsprodukte

Wusstest du, dass...

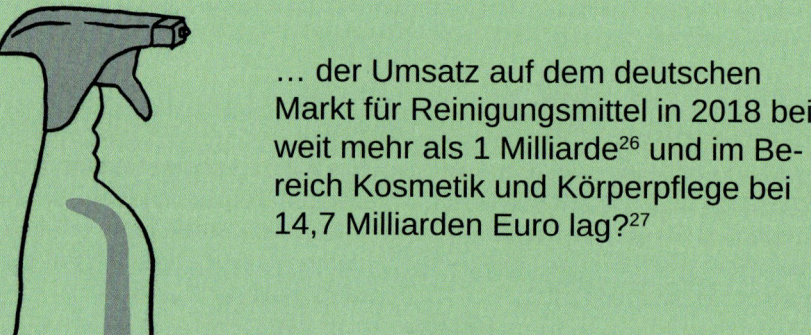

... der Umsatz auf dem deutschen Markt für Reinigungsmittel in 2018 bei weit mehr als 1 Milliarde[26] und im Bereich Kosmetik und Körperpflege bei 14,7 Milliarden Euro lag?[27]

... in vielen aktuell erhältlichen Kosmetikprodukten Mikroplastik enthalten ist?[28]

… auch Reinigungsmittel Mikroplastik und diverse Schadstoffe enthalten können, wie Lösungsmittel und gesundheitsschädliche Tenside, die uns Menschen und die Umwelt belasten?[11] Sie können z.B. zu Verätzungen der Haut, schweren Augenschäden oder Vergiftungen führen.[29]

… eine gekaufte Deocreme bis zu elf Mal teurer als eine Selbstgemachte ist?

… du nur drei Mittel brauchst, um den ganzen Haushalt zu säubern (Allzweckreiniger, Handspülmittel, Essigreiniger), und du eine Menge Geld sparen kannst, wenn du diese selber machst, anstatt sie zu kaufen.

15 Wege für mehr Nachhaltigkeit beim Reinigen, Waschen und bei der Körperpflege

12. Mache eine Bestandsaufnahme deiner Reinigungsmittel.

13. Kaufe umweltfreundliche Wasch- und Reinigungsmittel.

14. Kaufe die Basiszutaten ein.

15. DIY-Rezept für Zitrusreiniger.

16. DIY-Rezept für Allzweckreiniger.

17. DIY-Rezept für Abflussreiniger.

18. DIY-Rezept für Toilettenreiniger.

19. DIY-Rezept für Spülmittel.

20. DIY-Rezept für Flüssigwaschmittel.

21. DIY-Rezept für Flüssigseife.

22. DIY-Rezept für Deocreme.

23. DIY-Rezept für pflegende Bodybutter.

24. DIY-Rezept für Bodybutter Schaumschläger.

25. DIY-Rezept für Kakao Lipbalm.

26. DIY-Rezept für Handcreme.

12. Mache eine Bestandsaufnahme deiner Reinigungsmittel.

Räume deinen kompletten Putzschrank leer, stelle auch das Spülmittel und andere Reinigungsutensilien (z.B. Staubwedel, Schwämme), hinzu. Falls jetzt ein großer Berg Plastik vor dir liegt, bist du damit nicht alleine. Selbst dein Putzeimer ist höchstwahrscheinlich aus Kunststoff. Meiner auch.

Sammle nun diejenigen Dinge, die du aufbrauchen oder weiternutzen kannst, wie z.B. den Putzeimer oder die Putzlappen, und lege sie an die Seite.

Lege auf die andere Seite alle Dinge, bei denen du dir unsicher bist was du damit tun möchtest. Hast du noch die klassischen gelben Schwämme, bedenke, dass sich beim Spülen hier kleine Plastik-Teile lösen können, die in unser Wasser gelangen. Hast du viele Reinigungsmittel, schau dir die Verpackung an. Seit 2015 tragen verschiedene Mittel Gefahren-Hinweissymbole. Seitdem gibt es Symbole für „Gesundheitsgefahr" und das „Ausrufezeichen". Die erste Kennzeichnung besagt, dass in dem Mittel Stoffe enthalten sein können, die krebserregend sind, das Erbgut verändern oder die Fortpflanzung gefährden können. Das zweite Symbol warnt dich vor möglichen Hautreizungen und stark schädlichen Stoffen.[30] Wenn Wörter wie „Achtung" oder „Gefahr" auf der Verpackung zu lesen sind, solltest du darüber nachdenken, diese Produkte nicht mehr zu kaufen.

Leicht- oder hochentzündlich

Brandfördernd

Giftig/Tödlich

Ätzend

Explosionsgefahr

Umweltgefährdend

Gesundheitsschädlich, Gesundheitsgefährdend

Gas unter Druck

Sortiere nun die Dinge, bei denen du dir unsicher bist, ob du sie weiter nutzen möchtest, aus. Kennst du vielleicht jemanden, der auf keinen Fall auf die gelben Schwämme verzichten will und diese auch noch in zehn Jahren nutzen wird (wie z.B. meine Oma)? Dann gebe sie weiter. So kauft diese Person erst einmal weniger davon ein. Sind Reinigungsmittel dabei, die du noch aufbrauchen möchtest und bei denen du gleichzeitig vorstellen könntest, auf Alternativen zurückzugreifen? Dann brauche sie auf und behalte die alten Behälter für die Reinigungsmittel, die du zukünftig ggf. selbst machen willst. In diesem Teil des Buches findest du einige einfache Mittel, die du selbst herstellen kannst.

SPARE GELD

Ein Liter selbst hergestellter Allesreiniger kostet weniger als 30 Cent. Ich habe in dieser Preisklasse kein einziges Reinigungsmittel gefunden, alle waren teurer. Auch beim Waschmittel kannst du Geld sparen: 15 Gramm Kernseife kosten bei mir im Shop 79 Cent. Zwei Esslöffel Waschoda kosten vielleicht zehn Cent. Du kannst dir also für 89 Cent Waschmittel für zehn Waschgänge herstellen. Ein Waschgang kostet somit 8,9 Cent. Mit einem Öko-Waschmittel, das 4 € pro Liter kostet, kannst du 33 Waschgänge laufen lassen. So kostet ein Waschgang 26 Cent. Das selbstgemachte Waschmittel ist somit weitaus günstiger als das gekaufte.

LEBE GESÜNDER

Viele Reinigungsmittel enthalten stark schädliche Stoffe, die beim Putzen auf deine Haut und in deine Atemwege gelangen können. Verwendest du ausschließlich die vollkommen ausreichenden und überwiegend natürlichen Grundzutaten, die ich dir im Laufe dieses Kapitel vorstellen werde, vermeidest du diese unnötigen und gesundheitsgefährdenden Stoffe.

Alle in diesem Buch veröffentlichten Rezepte habe ich selbst ausprobiert und genutzt.
Ich selbst bin keine Kosmetikerin oder Chemikerin. Die Haltbarkeit kann abhängig von den verwendeten Rohstoffen und der Lagerung bei dir zuhause variieren. Es lohnt sich, von Zeit zu Zeit einen Geruchstest zu machen. Riecht das Mittel muffig, säuerlich oder extrem anders als kurz nach der Herstellung, dann entsorge das selbst gemachte Reinigungsmittel vorsichtshalber fachgerecht. Zudem empfehle ich, immer nur die Menge herzustellen, die du in ein paar Wochen aufbrauchen kannst.

SEI UMWELTHELD/IN 🌍

Jedes Reinigungsmittel, das wir nutzen, landet durch das Herunterspülen im Ausguss in unserem Wasser. Wenn du deine Reinigungsmittel selbst herstellst, verhinderst du, dass gesundheitsschädliche Stoffe in unser Wasser gelangen. Zudem müssen so weniger Verpackungen hergestellt und entsorgt werden. Auch das schont die Umwelt.

 **TIPP 1**

Unglaublich aber wahr: Manche Reinigungsmittel müssen speziell über den Sondermüll entsorgt werden. Reste von Rohrfrei, Backofenreinigern, Grillreiniger und viele weitere Mittel musst du zu einem Wertstoffhof bringen. Manche Städte haben auch ein Schadstoff-Mobil, in dem solche Reste abgegeben werden können.[31]

 **TIPP 2**

Auch wenn du Reiniger selbst machst, sollte dieser nicht in die Hände von Kindern gelangen!

13. Kaufe umweltfreundliche Wasch- und Reinigungsmittel.

Gehörst du zu den Menschen, die lieber ein Produkt kaufen, anstatt es selbst zu machen? Das ist völlig in Ordnung! Ich habe selbstgemachtes Waschmittel-Pulver länger getestet und war sehr unzufrieden mit dem Ergebnis:

- Die Seifenflocken hatten sich nicht richtig aufgelöst, obwohl ich diese sehr klein gerieben hatte. Die Folge: Ein Bettlaken von unserem Sohn war voller Flecken, die ich nicht mehr rausbekamen. Wahrscheinlich wurden diese durch die Seife oder das ätherische Öl verursacht.

- Zudem hatten unsere Sportklamotten nach der Wäsche mit dem Waschmittel Flecken, welche aussahen wie Fettflecken. Auch in diesem Fall hat sich die Seife wahrscheinlich nicht richtig aufgelöst oder ist einfach an der Kleidung haften geblieben.

- Außerdem wurden unsere Handtücher, Stoffwindeln und andere Kleidung nach jedem Waschgang härter, da Seifenrückstände zurück blieben. Das hatte dann zur Folge, dass ich auch die Stoffwindeln lange im Wasser liegen lassen muss-ten, um die Seifenreste heraus zu bekommen und die Windeln wieder weicher zu machen. Ein paar sind sogar kaputt gegangen.

Nach all diesen Erfahrungen lautet die logische Konsequenz für uns, in Zukunft auf gekauftes Waschmittel zurückzugreifen.

LEBE GESÜNDER

Achtest du beim Kauf von Reinig-ungsmitteln auf ökologische Marken, ersparst du deiner Haut und deinen Atemwegen viele Schadstoffe.

SEI UMWELTHELD/IN

Einige Produzenten ökologischer Reinigungsmittel nutzen bei der Produktion Ökostrom, achten auf nachhaltiges Heizen und stromsparen-des Arbeiten. Unterstützt du diese Unternehmen mit dem Kauf seiner Produkte, unterstützt du auch eine nachhaltigere Produktion.

 TIPP

Wie erkennst du jetzt ein gutes Reinigungsmittel? Anhand von Siegeln! Da es sehr viele unterschiedliche Siegel gibt, empfehle ich dir die App Siegelklarheit. Damit kannst du direkt im Laden das Siegel scannen und nachschauen, ob das Produkt ökologisch in Ordnung ist. Weiterhin gibt dir die App TOXFOX Hinweise auf hormonell wirkende und krebserregende Schadstoffe. Außerdem liefert dir das Öko-Test-Siegel immer gute Anhalts-punkte. Schaue dort, ob es Testergebnisse für das von dir gewünschte Produkt gibt, bevor du einkaufen gehst.

14. Kaufe die Basiszutaten ein.

Mir persönlich ist es wichtig, dass das Selbermachen meiner Reinigungsmittel schnell geht und ich dafür so wenig Zutaten wie möglich nutze, da viele von ihnen nur verpackt gekauft werden können. Mit etwas Glück kannst du einige von ihnen in einem Unverpacktladen kaufen. Da aber nicht jeder einen solchen Laden in unmittelbarer Nähe hat und auch nicht alle Zutaten dort erhältlich sind, sind Reinigungsmittel mit wenigen Zutaten die beste Möglichkeit, um Verpackungsmaterial einzusparen. Aus nur drei Zutaten kannst du eine Menge Produkte herstellen - ein wesentlicher Vorteil, denn im Gegensatz zu gekauften Produkten sparst du einiges an Müll.

In diesem Buch versorge ich dich mit leicht umzusetzenden Do-It-Yourselfs (DIYs), für welche du nur wenige Zutaten benötigst. Diese stelle ich dir auf den folgenden Seiten vor. Sie bilden eine gute Basis für eine Grundausstattung an Reinigungsmitteln in deinem Haushalt.

BEHÄLTER

Für die meisten DIYs kannst du Gläser nutzen. Entweder du verwendest kleinere Gläser, in denen vorher Gemüsestreich-creme oder andere Lebensmittel enthalten waren, oder du behältst alte Plastikbehälter von Waschmit-teln oder Allzweckreinigern. Wichtig ist nur, dass du die Behälter gut reinigst, bevor du etwas Neues hinein füllst. Wasche sie zusätzlich vor dem Befüllen mit heißem Wasser aus und trockne sie gut ab.

ESSIG

Essig bekommst du in jedem Super-markt und jeder Drogerie. Wenn du Bio-Essig nimmst, sorgst du zusätzlich dafür, dass weniger Schadstoffe in unser Grundwasser gelangen. Nimm am besten weißen oder hellen Essig, den gibt es auch im Glas. Ich nutze Weißwein-Essig. Apfelessig oder einfachen Tafelessig. Diese Essig-Sorten haben einen Säuregrad von 5 %. Wenn du Essig-Essenz nutzen willst, dann verdünne diese unbedingt (1 Teil Essig Essenz und 4 Teile Wasser). Essig-Essenz hat einen Säuregrad von 25 % und kann deswegen bestimmte Oberflächen schneller angreifen.[32]

Olivenölseife oder Kernseife

Reine Olivenölseife eignet sich gut für Waschmittel. Du bekommst sie im Bio-Supermarkt.
In meinem Online-Shop (www.wastelesshero.com/shop) findest du schon klein geriebene Seife, das erspart dir Zeit.
Wenn du Olivenölseife verwendest, die zu 100 % aus Olivenöl besteht, dann kannst du dir sicher sein, dass keine Duftstoffe o.ä. hinzu gegeben wurden.
Im Bio-Supermarkt und in der Drogerie gibt es Kernseife oder Gallseife. Letztere besteht aus Rindergalle. Da diese nicht rein pflanzlich ist, nutze ich sie nicht. Ich nutze reine Olivenölseife, denn mit ihr habe ich bisher die besten Ergebnisse erzielt.

Waschsoda

Waschsoda bekommst du in vielen Drogerien. Dort ist sie meist in Plastik verpackt. In meinem Online Shop bekommst du 1 kg Soda in Papier verpackt. Das reicht erstmal für eine lange Zeit und gut gelagert (luftdicht verschlossen) hält es sich auch lange. Soda gilt als Fettlöser sowie als Wasserenthärter. Bitte atme keine Soda-Staub ein und beachte, dass Soda nicht in die Hände von Kindern gelangen darf.

NATRON

Für alle Rezepte ist feinkörniges Natron am besten geeignet. Kaufst du es in der Drogerie, solltest du es mit einem Mörser noch einmal zerkleinern.
Auch bei Natron gilt, dass du es bitte niemals pur zu dir nehmen solltest. Zudem gibt es einige Menschen, die allergisch auf Deocremes mit Natron reagieren. Falls das bei dir der Fall ist, nutze es nicht mehr für Kosmetik-DIYs und trage beim Putzen Handschuhe. Natron wirkt kalklösend und neutralisiert Säuren. Es wird häufig zur Herstellung selbstgemachter Deocremes verwendet, weil es der Schweißbildung vorbeugt.

STÄRKE

Für selbstgemachte Deocremes benötigst du Stärke. Du kannst handelsübliche Kartoffelstärke nutzen, die bekommst du in Supermarkt.
Die Stärke dient hauptsächlich zum Andicken der Deocremes.

ZITRONENSÄURE

Zitronensäure ist ein sehr guter Entkalker. Sie ist in Drogerien und Bio-Supermärkten erhältlich. Dort ist sie meist in Plastik verpackt.
Da du sie wirklich vielfältig einsetzen kannst, sparst du dir viele andere Plastikverpackungen.

 TIPP

Viele Apotheken bieten Waschsoda, Natron oder Zitronensäure direkt zum Abfüllen an. Frag' doch einfach in einer Apotheke in deiner Nähe nach und lasse dir etwas in selbst mitgebrachten Behälter füllen.

Ätherische Öle

Ätherische Öle, die pflanzenbasiert sind, kaufe ich in Bio-Qualität im Bio-Supermarkt, im Unverpackt-Laden oder in der Apotheke.
Der Vorteil bei der Apotheke ist natürlich, dass es hier oft mehrere Öle zur Auswahl gibt und du dich durchriechen kannst, um deinen Favoriten zu finden. Ätherische Öle sollten immer verdünnt angewendet werden. Bitte nimm immer nur so viele Tropfen, wie in dem Rezept angegeben. Zudem gilt auch hier: Die Öle dürfen nicht in die Hände von Kindern gelangen!
Stimme dich in Bezug auf die Nutzung der Öle bei Schwangerschaft, für Kinder und für Haustiere bitte immer mit einem Arzt/einer Ärztin ab.

Sheabutter

Sheabutter ist einer der wenigen Rohstoffe, die du nicht von einem regionalen Produzenten beziehen kannst, denn sie wird vorwiegend in Afrika hergestellt.
So entsteht mehr CO_2 für den Transport. Wenn du das vermeiden willst, kannst du anstatt Sheabutter regionale Öle verwenden.
Dennoch stelle ich dir einige Rezepte vor, für die Sheabutter genutzt werden kann (vor allem bei der Körperpflege). Insbesondere bei Produkten, die importiert werden, gestaltet es sich als sehr zeitintensiv, gute Händler zu finden. Oft gibt es zwischengeschaltete Großhändler, die Rohstoffe in Afrika einkaufen, sie zum Verpacken in ein anderes Land verschiffen und dann an andere Händler weiterverkaufen. Diese kleben ihr Logo auf das Produkt und verkaufen es unter ihrem Namen.
Ich hatte das Glück, eine Frau kennen zu lernen, die selbst bei dem Aufbau einer Fabrik in Ghana geholfen hat. Sie kennt den gesamten Produktionsprozess, importiert die Sheabutter selbst nach Deutschland und füllt sie in Köln ab. Und genau dieses Produkt - die fair gehandelte Sheabutter von Lasoyi - nutze ich, denn ich weiß, woher sie kommt, wie sie hergestellt und importiert wurde.

PFLEGEÖLE

Du bekommst die Sheabutter von Lasoyi in meinem Online-Shop. Selbstverständlich kannst du auch andere Sheabutter nutzen. Achte einfach darauf, dass du eine fair gehandelte im Bio-Supermarkt oder in der Apotheke auswählst. Leider ist die dort meist in Plastik verpackt.

Die Sheabutter ist - sogar unverdünnt - vielfältig einsetzbar: Für die Körperpflege, die Lippenpflege, die Pflege deiner Kopfhaut, zur Haarpflege, zur Gesichtspflege oder als Hand- und Fußpflege.
Sheabutter enthält Stoffe wie Beta-Carotin und Vitamin E und wirkt auf unterschiedliche Art und Weise, vor allem feuchtigkeitsspendend und entzündungshemmend, sowie als leichter Sonnenschutz und als Anti-Aging-Mittel.

In vielen Rezepten für Pflegeöle werden kaltgepresste Öle als Basis verwendet, z.B. bei der Bodybutter oder beim Deo. Gängige Basisöle sind Mandelöl, Kokosöl, Sonnenblumenöl, Rapsöl oder Olivenöl. Welches du nutzt, hängt von deinem Hauttyp ab. Frage hier gern eine/n Kosmetiker/in, in der Apotheke oder schau kurz im Internet nach.
Bei Ölen finde ich es super wichtig, dass diese aus kontrolliert biologischem Anbau sind, denn du trägst diese direkt auf deinen Körper auf. Viele herkömmliche Öle enthalten meist Schadstoffe, die auf deiner Haut und somit in deinen Körper gelangen würden. Da du oft nur geringe Mengen für ein Rezept nutzt, lohnt es sich der der vergleichsweise höhere Preis von Ölen aus kontrolliert biologischem Anbau.
Bio-Öle bekommst du in (Bio-)Supermärkten, Drogerien, Unverpackt-Läden, in jeder Apotheke und in Shops, die sich extra auf Öle (auch zum Selbst-Abfüllen) spezialisiert haben. Der Vorteil von den Basis-Ölen ist, dass diese teilweise sogar in Deutschland hergestellt werden und damit kurze Transportwege haben.

DIY

ZITRUSREINIGER

15. DIY-Rezept für Zitrusreiniger.

Zutaten
500 ml Tafelessig o.ä.
4 ausgepresste
Zitronenschalen
(alternativ
6 Mandarinenschalen
oder 3 Orangenschalen)

Utensilien und Hilfsmittel
1 Glas mit mind. 750 ml
Fassungsvermögen
1 Messer
1 Brettchen

Haltbarkeit
Der Zitrusreiniger hält sich ein paar Monate. Die hier hergestellte Menge an Reiniger reicht bei uns knapp drei Monate, da ich alles damit putze.

Zubereitung
▶ Schneide die Zitronenschalen klein und lege sie in das Glas.

▶ Gib den Essig darüber und achte darauf, dass die Schalen komplett bedeckt sind, da sie ansonsten schimmeln können. Lasse das Ganze drei bis vier Wochen stehen.

▶ Nach dieser Zeit füllst du die Flüssigkeit aus dem Glas durch ein Sieb in eine Sprühflasche.

Anwendung
Sprühe damit das Waschbecken, die Badewanne und Toilette ein und lasse das Mittel kurz einwirken. Wische einmal mit einem Lappen darüber. Für die Küchenplatte und den Tisch gebe ich einen kleinen Spritzer auf einen feuchten Lappen und wische damit direkt.

 BITTE BEACHTE

Der Reiniger eignet sich nicht für empfindliche Flächen wie z.B. Marmor und andere Natursteine.

DIY

Allzweckreiniger

16. DIY-Rezept für Allzweckreiniger.

Noch schneller als den Zitrusreiniger hast du den Allzweckreiniger fertig gestellt. In der Anwendung und Haltbarkeit hat er die gleichen Eigenschaften.

Zutaten
1 l Wasser
4 El Tafelessig o.ä.
5 El Zitronensäure

Zubereitung
▸ Gib die Zitronensäure und den Essig in das Wasser und schüttle, bis sich die Zitronensäure aufgelöst hat.

Utensilien und Hilfsmittel
Sprühflasche mit 1 Liter Fassungsvermögen

Haltbarkeit
Drei Wochen.

DIY
Abflussreiniger

17. DIY-Rezept für Abflussreiniger.

Zutaten
1 halbe Tasse Backpulver
  oder Natron
1 halbe Tasse Essig
0,5-1 l kochendes
        Wasser

Utensilien und Hilfsmittel
2 Tassen

Haltbarkeit
Drei Wochen.

Zubereitung
Den Abflussreiniger bereitest du nicht vor, sondern nutzt ihn direkt.

▸ Fülle zunächst in eine Tasse das Backpulver oder das Natron und in die andere Tasse den Essig.

Anwendung
Gib zuerst das Natron direkt in den Ausguss und kippe den Essig hinterher. Lasse das Ganze fünf Minuten einwirken, vielleicht hörst du ein leises Brutzeln. Koche in dieser Zeit heißes Wasser auf und spüle damit nach.

 BITTE BEACHTE

Du kannst den Vorgang wiederholen, wenn das Ergebnis noch nicht zufriedenstellend ist. Den sichtbaren Schmutz kannst du vor der Anwendung mit einem Stück Recycling-Toilettenpapier entfernen.

DIY

Toilettenreiniger

18. DIY-Rezept für Toilettenreiniger.

Zutaten
100 g Soda
30 g Zitronensäure
10 Tropfen ätherisches
    Öl (optional, für den
    Geruch)

Utensilien und Hilfsmittel
1 Schüssel
Eiswürfelformen
Löffel
1 Sprühflasche mit
    Wasser

Haltbarkeit
Die Tabs halten sich
drei Monate.

Zubereitung
▶ Mische die Zutaten in der Schüssel zusammen.

▶ Befeuchte die Zutaten ein wenig mit dem Wasser aus der Sprühflasche und rühre diese gut um, bis du das Gefühl hast, daraus etwas formen zu können (es sollte sich so anfühlen wie feuchter Sand).

▶ Fülle die Masse nun in die Eiswürfelformen und warte, bis sie getrocknet ist. Danach kannst du sie herauslösen.

Anwendung
Gib einen Tab in deine Toilette und warte, bis sich dieser aufgelöst hat. Danach bürstest du mit einer Toilettenbürste (gibt es mittlerweile auch aus Holz oder Bambus) nach.

 BITTE BEACHTE

Ist dir das Füllen in die Eiswürfelformen zu aufwändig, kannst du zwei El Soda und ein El Zitronensäure direkt in die Toilette geben. Wenn du magst, gieße noch etwas Essig darüber. Das hat den gleichen Effekt und geht schneller.

DIY

SPÜLMITTEL

19. DIY-Rezept für Spülmittel.

Zutaten
15 g Olivenölseife
1 Tl Natron
300 ml kochendes Wasser
10 Tropfen ätherisches Öl

Utensilien und Hilfsmittel
1 Reibe
1 Schüssel
1 Gefäß zum Abfüllen mit mind. 350 ml Fassungsvermögen

Haltbarkeit
Zwei bis drei Monate.

Zubereitung
▶ Reibe die Seife klein und löse diese in kochendem Wasser auf.

▶ Sobald das Wasser ein wenig abgekühlt ist, gib das Natron und das ätherische Öl hinzu und rühre die Masse gut um. Nun füllst du das Ganze in ein Gefäß.

Anwendung
Du nutzt das Spülmittel wie gekauftes Spüli. Es kann sein, dass du mehr nutzen wirst, da das selbst hergestellte Spülmittel dünnflüssiger und weniger fettlösend ist als gekauftes. In der Regel reicht es reicht es vollkommen aus, wenn du ein wenig Ölivenölseife in deinem Spülwasser auflöst oder einen Lappen darüber reibst und direkt damit spülst.

DIY
Flüssigwaschmittel

20. DIY-Rezept für Flüssigwaschmittel.

Zutaten

1 l Wasser
2 El Waschsoda
15 g Kern-/Olivenölseife
15 Tropfen ätherische Öle
    (optional, für den Geruch)
1 Tl Natron
    (bei weißer Wäsche)

Utensilien und Hilfsmittel

2 alte Waschmittel-
    Flaschen
1 Reibe
1 Waage (15 g Kernseife
    sind ungefähr 1,5 El)

Haltbarkeit

Die angegebene Menge reicht für 5 bis 10 Waschgänge.

Zubereitung

▸ Reibe die Seife in kleine Stücke. Gib das Wasser, das Soda und die Seife in einen Kochtopf und koche alles zusammen auf. Rühre die Masse gut um.

▸ Lass' das Ganze abkühlen und koche es nach 30 bis 60 Minuten noch einmal auf. So stellst du sicher, dass sich die Seifenflocken vollständig aufgelöst haben.

▸ Warte bis die Mischung abgekühlt ist und fülle sie in eine bis zwei Flaschen. Die Masse sollte zähflüssig sein. Wenn sie zu dünn ist, gibt noch zwei Esslöffel geriebene Seife dazu und koche das Ganze erneut auf. Fließt es gar nicht aus dem Topf, gib noch ein wenig Wasser hinzu und rühre kräftig um.

▸ Möchtest du dem Flüssigwaschmittel einen Duft geben, dann gib das ätherische Öl hinzu, wenn die Mischung fast kalt ist. Der Duft verfliegt bereits ein paar Tage nach dem Waschen.

Anwendung

Nutze 100 bis 200 ml pro Waschgang. Schüttele das Waschmittel vor dem Waschen noch einmal kräftig in der Flasche, damit sich die Zutaten gut vermischen.

☞ BITTE BEACHTE

Es können auch bei diesem Waschmittel Seifenrückstände in der Kleidung oder in Handtüchern bleiben. Generell wird die Wäsche wahrscheinlich etwas härter sein, als wenn du sie mit einem konventionellen Mittel gewaschen hättest. Denke auch daran, deine Waschmaschine regelmäßig zu säubern. Waschmittel, welches auf Soda basiert, solltest du zudem nie zum Waschen tierischer Fasern wie z.B. Wolle verwenden. Diese quellen zu stark auf.

DIY

Flüssigseife

21. DIY-Rezept für Flüssigseife.

Zutaten
1 l Wasser
80 g Handwasch-Seife
  oder reine Oliven-
  ölseife

Utensilien und Hilfsmittel
1 Schneebesen
1 Reibe
1 Schüssel
1 Topf
1 Seifenspender und ein
  weiteres Glas
  (Fassungsvermögen
  insgesamt knapp 1 Liter)

Haltbarkeit
Die Seife hält in der Menge knapp vier Wochen.
Du kannst das Rezept auch abwandeln und 0,5 l Wasser und 40 g Seife nehmen, wenn die Menge bei dir für vier Wochen zu groß ist.

Zubereitung
▸ Reibe dein Seifenstück mit der Reibe klein. Wenn du keine Reibe hast, kannst du die Seife auch mit einem scharfen Messer in kleine Stücke schneiden.

▸ Gib nun das Wasser und die Seifenstücke in einen Topf und koche beides unter Rühren einmal auf. Jetzt sollte sich die Seife komplett aufgelöst haben.

▸ Rühre noch einmal kräftig um, lasse die Masse abkühlen und fülle sie in deinen Seifenspender. Den Rest kannst du in ein weiteres Behältnis zur Aufbewahrung geben.

Anwendung
Nutze die Seife wie gekaufte Flüssigseife zum Händewaschen. Wenn du den Seifenspender zwischendurch immer mal wieder schüttelst, sorgst du dafür, dass sich die Bestandteile wieder vermischen und die Seife geschmeidiger ist.

☞ BITTE BEACHTE

Damit deine Seife eine schöne Farbe hat, nutzt du am besten farbige Seife. Wenn du es gern noch pflegender haben möchtest, kannst du zwei EL Oliven-Öl hinzugeben.
Die Auswahl der Seife ist super wichtig bei diesem Rezept. Ich nutze dafür vegane Seife mit Bio-Rohstoffen. Je nach Seife kann es passieren, dass die Flüssigseife zu dünn ist oder klumpig wird. Ist sie zu dünn, gib noch etwas Seife dazu und koche alles erneut auf. Zu klumpig? Dann koch alles auch erneut auf und rühre gut um.

DIY

Deocreme

22. DIY-Rezept für Deocreme.

Zutaten

30 g Kokosöl (oder eins
    regionales Öl)
20 g Natron
30 g Stärke
7-10 Tropfen ätherische
    Öle (ich empfehle
    Limette und Pfeffer-
    minze)

Utensilien und Hilfsmittel

1 Waage
1 Löffel zum Rühren
1 Schüssel aus Glas
    oder Keramik
2 Töpfe für das
    Wasserbad
1 Glas zum Abfüllen
    (Fassungsvermögen
    gleicht einem Glas
    Gemüsestreichcreme)

Haltbarkeit

Die Mischung hält sich bis zu sechs Wochen. Mach einfach ab und an die Geruchsprobe.

 TIPP

Hast du bisher fertig gekauftes Deo genutzt, gib deinem Körper ein wenig Zeit für die Umstellung. Bei mir hat es drei Wochen gedauert, bis das Deo richtig gewirkt hat. Was dich vielleicht noch motiviert: So schöne, gepflegte Achseln hatte ich in meinen ganzen Leben nicht. Das Öl macht wirklich schöne Haut!

Zubereitung

▸ Schmelze das Kokosöl in einem warmen Wasserbad. Mische währenddessen das Natron und die Stärke in einem anderen Gefäß zusammen.

▸ Gib nun das Kokosöl zu dem Natron-Stärke-Gemisch und rühre gut um, sodass sich alle Zutaten miteinander vermengen.

▸ Wenn die Masse zähflüssig ist, gibst du die ätherischen Öle hinzu. Ich nutze für mein Deo Limetten- und Pfefferminzöl. Limettenöl hemmt die Schweißbildung und Pfefferminzöl sorgt für ein kühles Gefühl.
Wichtig ist, dass du die Masse während des Festwerdens immer wieder umrührst, damit sich das Natron und die Stärke nicht absetzen. Ist das der Fall, wirkt die Deocreme nicht richtig. Du kannst die Masse zwischendurch in den Kühlschrank stellen, dann geht es schneller.

Anwendung

Damit die Deocreme länger wirkt, solltest du eine haselnussgroße Menge mit einem Löffel entnehmen und auftragen. Bitte trage die Creme nicht direkt nach der Rasur auf, da durch die ätherischen Öle Reizungen entstehen können. Im Sommer wird die Deocreme sehr wahrscheinlich flüssig sein. Das liegt am enthaltenen Kokosöl, das bei hohen Temperaturen schmilzt. Schüttle dann einfach das Glas vor der Anwendung oder stelle deine Deocreme kurz in den Kühlschrank.

Regionale Variante

Anstatt Kokosöl kannst du einfach Sonnenblumenöl oder ein anderes Öl aus der Region nutzen. Da dieses nicht fest wird, solltest du 5 g Stärke zusätzlich hinzugeben, um die Konsistenz zu festigen.

DIY

BODYBUTTER

23. DIY-Rezept für pflegende Bodybutter.

Zutaten

45 g Sheabutter
45 g Kokosöl, Mandelöl
oder Rapsöl
5-10 Tropfen ätherische
Öle

Utensilien und Hilfsmittel

Löffel
2 Töpfe für das
Wasserbad
1 Glas zum Abfüllen
(Fassungsvermögen
gleicht einem Glas
Gemüsestreichcreme)

Haltbarkeit

Die Mischung hält sich bis zu drei Monate. Mach einfach ab und an die Geruchsprobe: Riecht es ranzig, muss es weg. Im Sommer kann es sein, dass sich die Bodybutter ein wenig verflüssigt, wenn es sehr warm wird. Wenn du das nicht magst, lagere sie in deinem Kühlschrank.

Zubereitung

▸ Schmelze die Sheabutter zusammen mit dem Öl im Wasserbad. Das Wasser sollte warm sein, keinesfalls kochen. Die Sheabutter behält all ihre Wirkstoffe bis zu einer Temperatur von 80 Grad. Sollten sich im Wasserbad kleine Flocken bilden ist dies völlig ok.

▸ Lasse das Gemisch ein wenig abkühlen, jedoch noch nicht fest werden. Gib die ätherischen Öle hinzu. Ich mag hier besonders gern Vanille oder Orange.

▸ Fülle das Gemisch nun in das Glas und rühre noch einmal gut um. Lasse die Masse fest werden und verschließe das Glas erst dann mit dem Deckel.

Anwendung

Trage am besten direkt nach dem Duschen, wenn deine Haut noch ein wenig feucht ist, eine kleine Menge von der Bodybutter auf. Verwende wirklich nur eine kleine Menge, da sie langsam einzieht, und trage sie immer mit trockenen und sauberen Händen auf, da sich ansonsten die Haltbarkeit verkürzt. Alternativ kannst du einen sauberen Löffel verwenden.

Regionale Variante

Anstatt Kokosöl kannst du Sonnenblumenöl nutzen, welches in Deutschland hergestellt wird. Die Sheabutter kannst du auch komplett weglassen, wenn du mit reinem Öl gut klarkommst.

DIY

Bodybutter Schaumschläger

24. DIY-Rezept für Bodybutter Schaumschläger.

Zutaten
50 g weiche Sheabutter
50 g Sonnenblumenöl
5-10 Tropfen ätherische
    Öle

Utensilien und Hilfsmittel
Löffel
1 Schüssel
1 Handrührgerät
1 Glas zum Abfüllen
    (Fassungsvermögen
    gleicht einem Glas
    Gemüsestreichcreme)

Haltbarkeit
Die Mischung hält sich bis zu drei Monate. Mach einfach ab und an die Geruchsprobe.

Zubereitung
▶ Fülle weiche Sheabutter zusammen mit den Ölen in eine Schüssel. Ist die Sheabutter zu hart, kannst du sie entweder auf der Heizung weich werden lassen oder kurz über dem Wasserbad schmelzen.

▶ Mixe die Zutaten mit dem Handrührgerät solange, bis sich die gelbliche Farbe in annähernd weiß ändert und die Konsistenz ungefähr der von Frischkäse bis Sahne entspricht. Nun kannst du das Gemisch in dein Glas füllen.

Anwendung
Trage am besten nach dem Duschen, wenn die Haut noch ein wenig feucht ist, eine kleine Menge von der Bodybutter auf. Die Sheabutter zieht langsam ein, daher bitte nur eine kleine Menge.
Bitte immer mit trockenen und sauberen Händen auftragen, du kannst auch eine kleine Menge mit einem Löffel entnehmen. Ansonsten kann sich die Haltbarkeit verkürzen.

DIY

Kakao Lipbalm

25. DIY-Rezept für Kakao Lipbalm.

Zutaten

15 g Sonnenblumenöl
15 g Sheabutter
 5 g Kakaopulver

Utensilien und Hilfsmittel

1 Waage
1 Löffel oder Holzstiel
  zum Rühren
1 kleines Glas zum
  Aufbewahren
  (ein 2 Finger hohes Glas
  reicht für die Mischung
  von ca. 35 g aus) oder
  eine leere Dose eines
  gekauften Lipbalms

Haltbarkeit

Der Lipbalm hält sich bis
zu acht Wochen.

Zubereitung

▸ Schmelze die Sheabutter im Wasserbad.

▸ Gib das Natron, Kakaopulver und das Öl dazu und verrühre alle Zutaten gut, sodass sich keine Klümpchen bilden.

▸ Fülle nun alles in das Glas und stelle es dann ohne Deckel in den Kühlschrank. Rühre nach kurzer Zeit noch einmal um, damit sich das Kakaopulver nicht auf dem Glasboden absetzt.

Anwendung

Trage den Lipbalm direkt auf die Lippen auf. Verwende eine kleine Menge, da du durch das Kakaopulver schnell einen Schokomund bekommst.

Regionale Variante

Du kannst auch reines Öl für die Lippenpflege verwenden.

 TIPP

Andere Farben kannst du mit Rote Beete Pulver und ähnlichem erzielen.
Außerdem ist der Lipbalm ein schönes Geschenk!

DIY

Handcreme

26. DIY-Rezept für Handcreme.

Zutaten
30 g Sheabutter
10 g Mandel-/
  Sonnenblumenöl
5 Tropfen ätherisches
  Orangenöl (oder eine
  andere Duftnote)

Utensilien und Hilfsmittel
1 Waage
1 Löffel oder Holzstiel
  zum Rühren
1 Glas zum Aufbewahren
  (ein 2 Finger hohes
  Glas reicht für die
  Mischung von ca.
  40 g aus) oder eine
  leere Dose einer ge-
  kauften Creme

Haltbarkeit
Die Creme hält sich bis
zu acht Wochen. Da die
Menge so gering ist, wirst
du sie vielleicht bereits
vorher verbraucht haben.

Zubereitung
▶ Schmelze die Sheabutter im Wasserbad.

▶ Mische Mandel- bzw. Sonnenblumenöl sowie das ätherische Öl dazu und vermenge alle Zutaten unter ständigem Rühren.

▶ Fülle die Masse nun in dein Gefäß, warte bis sie abgekühlt ist und verschließe es dann mit einem Deckel.

Anwendung
Die Handcreme nutzt du genau wie konventionelle Handcreme auch.

Regionale Variante
Auch zur Pflege deiner Hände kannst du reines Öl auf die feuchten Hände auftragen. Ich habe über viele Jahre Handcreme genutzt und vor ca. knapp drei Jahren damit aufgehört.
Meine Hände sind nie ausgetrocknet. Anstatt regelmäßig Handcreme zu nutzen, kannst du auch ab und zu ein Peeling aus Kaffeesatz oder eine Mischung aus zwei TL Pflanzenöl und Zucker auf deine Hände auftragen. Auch das macht die Hände schön weich.

 TIPP

Die Handcreme eignet sich super als Geschenk.

Kapitel 3 –
Lebebsmittel und Einkauf

Wusstest du, dass...

… jede/r Deutsche/r im Schnitt pro Jahr 82 kg Lebensmittel ungenutzt wegwirft? Das sind Lebensmittel im Wert von 234 Euro.[33] 6,7 Millionen Tonnen sind das über alle Haushalte hinweg. Für die Herstellung dieser Lebensmittel werden wichtige Ressourcen wie Wasser, landwirtschaftliche Flächen, Energie und Düngemittel unnötigerweise verbraucht.

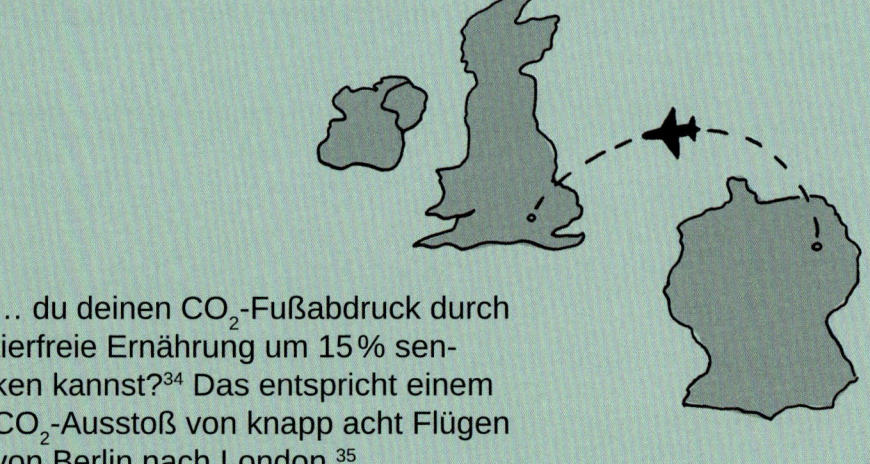

… du deinen CO_2-Fußabdruck durch tierfreie Ernährung um 15 % senken kannst?[34] Das entspricht einem CO_2-Ausstoß von knapp acht Flügen von Berlin nach London.[35]

… für den Anbau von Bio-Lebensmitteln zwei Drittel weniger Energie benötigt wird als für den Anbau von konventionellen Lebensmitteln? Beim Bio-Anbau wird auf chemische Dünger- und Pflanzenschutzmittel verzichtet.[36]

... der Anbau von Lebensmitteln in Treibhäusern und der Lebensmitteltransport per Flugzeug unser Klima stark belasten? Obst der Saison aus nahen Anbaugebieten spart dagegen Energie ein und ist meist weniger mit Pflanzenschutzmitteln belastet.[37]

14 Wege für mehr Nachhaltigkeit in der Küche

27. Brauche alle deine Lebensmittel auf.

28. Rette Lebensmittel.

29. Kaufe bei deinem nächsten Einkauf Bio-Lebensmittel.

30. Besuche einen Unverpackt-Laden.

31. Erlebe deinen Supermarkt ganz neu.

32. Friere deine Lebensmittel plastikfrei ein.

33. Probiere neue Rezepte aus, koche möglichst plastikfrei.

34. Rezept Malzbierbrot.

35. Rezept Brotaufstrich.

36. Rezept Salate.

37. Rezept Bohnenburger.

38. Rezept Streuselkuchen.

39. Rezept Rosmarin Sirup.

40. Rezept Kürbiskekse.

27. Brauche alle deine Lebensmittel auf.

Das hört sich so einfach an und ist doch manchmal eine Herausforderung. Eines Tages kam der Moment, in dem meine Familie und ich uns entschieden haben, dass unsere Küche von nun an plastikfrei sein soll. Das Bad und der Rest der Wohnung waren es zu diesem Zeitpunkt bereits weitestgehend. Also brauchten wir erst einmal alles auf, was wir noch in der Küche hatten. Wir haben in jede Schrankecke geschaut, den Gefrierschrank komplett leer gegessen und auch die letzten Tüten Vanillepudding-Pulver und Backpulver verarbeitet. Natürlich haben wir auch zwei Sachen gefunden, die seit mehr als drei Jahren abgelaufen waren. Die haben wir entsorgt. Mittlerweile bin ich echt verwundert darüber, dass viele Menschen Lebensmittel, die seit Jahren abgelaufen sind, noch in ihrer Küche haben und diese irgendwie vergessen wurden. Am ersten Tag des Aufbrauchens haben wir zwei unserer Vorratsschubladen sortiert und ausgemistet. Alles, was länger als zwei Jahre abgelaufen war - bei uns waren es Wackelpudding und Hefe - haben wir weggeworfen. Alles andere haben wir uns angeschaut und einfach mal überlegt, ob wir das noch essen oder nicht. Danach haben wir den Gewürzschrank sortiert. Das Ganze hat nur zwei Stunden gedauert. Unsere Küche ist mittelgroß und wir haben weder Vorratsschrank noch Vorratsraum. Nach und nach haben wir dann angefangen - ganz bewusst - Rezepte auszusuchen, mit denen wir die Lebensmittel, die noch da waren, aufbrauchen können. Aus den Backzutaten habe ich eine Menge Brot und Kuchen gebacken. Das war eine mega tolle Zeit! Jede Woche gab es einen Kuchen. Wichtig war uns dabei, dass wir für die Rezepte wenig neu kaufen mussten. Denn wir wollten, dass unsere Vorratsschränke und der Gefrierschrank einfach mal leer sind. Bis das wirklich der Fall war, sind drei Monate vergangen.

SPARE GELD

Nach und nach wirst du feststellen, dass du einige Produkte nicht mehr benötigst. Du wirst weniger und dafür gezielter einkaufen und dadurch auch weniger Lebensmittel ungenutzt wegwerfen. Du wirst merken, welche Lebensmittel du gerne isst und immer wieder benötigst und welche eher weniger. Wir hatten zum Beispiel knapp 20 unterschiedliche Gewürze, von denen wir fünf so gut wie gar nicht genutzt haben. Die kaufen wir jetzt einfach nicht mehr.

LEBE GESÜNDER

Vielleicht fällt dir beim Aufbrauchen schon auf, dass das ein oder andere Produkt, das du im Schrank hast, eher ungesund ist und du lässt es zukünftig weg.

GEWINNE ZEIT

Hast du wirklich nur noch das zuhause, was du (ver)brauchst, sind deine Schränke übersichtlicher.
Du suchst weniger, räumst schneller auf und putzt schneller.

SEI UMWELTHELD/IN

6,7 Millionen Tonnen Lebensmittel landen pro Jahr in deutschen Haushalten. Verringerst du diese Zahl aktiv, sorgst du für erhebliche Einsparungen beim Anbau. Für den Anbau dieser Lebensmittel, werden 43.000 qm² Fläche genutzt und 216 Millionen Kubikmeter Wasser verbraucht. Zudem wird für den Transport eine Menge CO_2 ausgestoßen.[33]

28. Rette Lebensmittel.

Wie bereits erwähnt werden Unmengen von Lebensmitteln direkt nach der Ernte oder später in unseren Haushalten ungenutzt weggeworfen. Kartoffeln werden z.B. mit einer Maschine geerntet, die nur Kartoffeln einer bestimmten Größe einsammelt. Zu kleine oder zu große Kartoffeln bleiben ungenutzt auf den Feldern liegen.[38]

Pro Jahr werden circa 1,7 Millionen Tonnen an Backwaren weggeworfen. Das liegt vor allem daran, dass noch bis kurz vor Ladenschluss alles für uns - den/die Verbraucher/in - verfügbar sein soll.[39] Zudem können Lebensmittel durch mangelhaften Transport und unzureichende Lagerung unbrauchbar werden. Die Folge: Sie werden weggeworfen.[40]

Das Schöne ist, dass du mit einfachen Mitteln etwas dafür tun kannst, dass weniger Lebensmittel verschwendet werden. Sorge dafür, dass du Zuhause keine Lebensmittel ungenutzt entsorgst. Kaufe nur das, was du isst. Falls du mal in den Urlaub fährst und der Kühlschrank voll ist, frage Freund/innen, ob sie dir etwas abnehmen. Es gibt noch weitere Möglichkeiten, in deiner Region Lebensmittel zu retten. Bei mir in der Nähe gibt es z.B. The Good Food. Hier gehen die Inhaberinnen selbst auf die Felder, ernten liegengebliebenes Gemüse nach und bieten diese Waren in einem Laden in Köln-Ehrenfeld an. Zudem kannst du dich bei Foodsharing anmelden. Das ist ein Verein, der deutschlandweit interagiert und mit unzähligen Cafés, Supermärkten und Bäckereien zusammenarbeitet. Um Lebensmittel, die nach Ladenschluss nicht mehr verkauft werden, dort abholen zu lassen und aufzubrauchen.

Zuletzt kannst du auch über viele Online-Shops und Apps Lebensmittel retten.

SPARE GELD

Gerettete Lebensmittel bekommst du oft komplett kostenfrei oder zu einem viel niedrigeren Preis.

GEWINNE ZEIT

Wir retten alle zwei Wochen via Foodsharing eine Menge Brot und Brötchen bei einem Bäcker. Die Backwaren frieren wir ein und verbrauchen sie beim täglichen Frühstück. So gehen wir fast gar nicht mehr beim Bäcker einkaufen und sparen Zeit.

LEBE GESÜNDER

Oft werden Obst und Gemüse aussortiert, die zu klein oder zu groß sind. Rettest du diese Lebensmittel, wirst du wahrscheinlich mehr Obst & Gemüse essen als vorher.

SEI UMWELTHELD/IN 🌍

Für den Anbau von 2,5 Avocados werden 1.000 Liter Wasser benötigt. Mit jeder Avocado, die du kaufst und dann auch wirklich isst, anstatt sie wegzuwerfen, sorgst du dafür, dass weniger Wasser und andere Ressourcen unnötig verbraucht werden.[41] Auch zur Herstellung für die Verpackung wurden Rohstoffe wie Papier oder Plastik genutzt, die so quasi nur zum Wegwerfen produziert wurden. Lebensmittel werden angebaut, gedüngt, transportiert, gelagert, gekühlt, weiterverarbeitet und letztendlich entsorgt, wenn sie nicht gegessen werden. Sorgst du für das Aufbrauchen von mehr Lebensmitteln, trägst du dazu bei, weniger Energie, Wasser und vieles mehr zu verschwenden.

29. Kaufe bei deinem nächsten Einkauf Bio-Lebensmittel.

Vielleicht stellst du dir häufiger die Frage, ob es wirklich sinnvoll oder gar besser ist, Bio-Lebensmittel zu kaufen, oder ob das weder dir noch der Umwelt wirklich etwas nützt. Bio-Siegel sind ein guter Anhaltspunkt, um genau zu wissen, welche Vorteile ein bestimmtes Produkt bietet. Die bekanntesten Siegel werde ich deswegen etwas weiter hinten erläutern. Bio-Lebensmittel haben viele Vorteile für deinen Körper und für unsere Umwelt! Bio-Produkte werden oftmals so sehr verpackt, da man sonst die lose Bio-Paprika nicht von der konventionellen Paprika unterscheiden kann und die Supermärkte nicht wollen, dass Kunden die teurere Bio-Paprika für den Preis der normalen Paprika kaufen. Mittlerweile gibt es deswegen Unternehmen, die das Bio Siegel in die Schalen von Obst und Gemüse lasern, um die Verpackung sparen zu können.Ich rate dennoch zum Einkauf von Bio-Lebensmitteln, da du somit die Nachfrage nach Bio-Lebensmitteln steigern kannst und möglicherweise weniger konventionelle Lebensmittel angebaut werden.

SPARE GELD

Bio-Lebensmittel wirken auf den ersten Blick teurer als Discounter-Ware. Wenn du bedenkst, dass der Anbau durchaus umweltfreundlicher ist und dein Körper weniger mit Schadstoffen belastet wird, spart uns das allen Geld ein. Denn konventionelle Lebensmittel werden mit Dünger und Pestiziden behandeln und sorgen dafür, dass Böden schlechtere Qualität haben und wieder mit Nährstoffen angereichert werden müssen. Das kostet Geld. Kleiner Tipp: Kaufe Bio-Lebensmittel möglichst saisonal, dann sind die Preise niedriger. Wochenmärkte sind hierfür ein guter Anlaufpunkt. Am Stand kannst du direkt nachfragen, welche Lebensmittel momentan von den Bauern selbst angebaut werden.

LEBE GESÜNDER

Bio-Lebensmittel sind weniger mit chemischen Düngern und Pflanzenschutzmitteln belastet. Sie enthalten weniger Nitrat und Pestizidrückstände.[36] Diese können unter anderem zu Hautkrankheiten und Vergiftungserscheinungen führen.[42]

SEI UMWELTHELD/IN

Du ersparst den Böden eine weitere Belastung durch Pestizide und Nitrate und sorgst so dafür, dass diese fruchtbarer bleiben. Achtest du beim Einkauf auf regionale und saisonale Bio-Produkte, sparst du zudem CO_2 ein. Bei dem Transport von Spargel aus Peru nach Deutschland fallen z.B. 30 kg Treibhausgase an. Die gleiche Menge saisonaler Spargel aus der Region verbraucht nur 0,019 kg.[36]

[43]

30. Besuche einen Unverpackt-Laden.

Gibt es in deiner näheren Umgebung einen Unverpackt-Laden oder einen Biomarkt mit Unverpackt-Ecke? Pack dir ein paar Dosen, Gläser und Beutel ein und fahre dort hin - vielleicht sogar mit dem Rad oder der Bahn. Ich verspreche dir, du wirst ein ganz anderes Einkaufserlebnis haben als im Discounter. Es ist viel ruhiger, entspannter, werbefreier und angenehmer. Es gibt keine Hektik an der Kasse und aus meiner Erfahrung kann ich sagen, dass die die Inhaber/innen helfen dir sehr gern beim Einkauf weiter! Bereite deinen Einkauf ein wenig vor. Nimm dir ein paar Dosen mit, wenn du hast auch Beutel oder Gläser.

Im Laden angekommen wiegst du deine Behälter und schreibst das Gewicht direkt mit einem Stift darauf. Den Stift findest du auch dort direkt an der Waage. Nun kannst du deine Lebensmittel selbst auffüllen. In den Läden kannst du die Lebensmittel des täglichen Gebrauchs wie Mehl, Nudeln, Reis, aber auch Nüsse, Zucker, Kakao und mehr aus verschiedenen Spendern in deine eigenen Behälter abfüllen. An der Kasse werden deine Behälter gewogen und das Eigengewicht wird abgezogen. Du bezahlst also wirklich nur das, was du eingefüllt hast.

SPARE GELD

Im unverpackt Laden gibt es eine bestimmte Auswahl von Produkten. Das heißt, du wirst bewusster einkaufen. Es wird weniger Spontaneinkäufe geben, als im Supermarkt, in dem oft schon mal etwas im Wagen landet, was du eigentlich nicht wolltest.
Du kannst Gramm und Milliliter genau einkaufen. Das heißt, du kaufst nur so viel, wie du brauchst. Benötigst du für einen Salat ein spezielles Öl, kannst du dies im Unverpackt-Laden genau in der Menge kaufen, die du brauchst und musst nicht direkt einen Liter kaufen. Und musst nicht direkt einen Liter einkaufen.

GEWINNE ZEIT

Kaufst du Lebensmittel unverpackt ein, wird sich weniger Müll in deiner Wohnung ansammeln und du bringst seltener den Müll raus. Kaufst du direkt in den Behältern, in denen du die Lebensmittel zuhause lagerst, sparst du dir Zeit, da du diese nicht mehr umpacken musst.

LEBE GESÜNDER ☀

Die meisten Lebensmittel im Unverpackt-Laden haben Bio-Qualität. Im Unverpackt-Laden findest du keine Fertig-Lebensmittel wie Tütensuppen oder Mikrowellengerichte, das heißt du wirst mehr frisch kochen. Viele Fertiggerichte enthalten viel zu viel Zucker, Kalorien und schlechte Fett, die zu Herz-Kreislauf-Erkrankungen führen können und im Verdacht stehen, schneller dick zu machen. Mit dem Verzicht auf derartige Produkte ersparst du deinem Körper viele ungesunde Stoffe und Zusätze.[44]

SEI UMWELTHELD/IN

Sagen wir mal 10 Menschen würden im Unverpackt-Laden je 1 kg Nudeln kaufen. Das spart im Vergleich zum Discounter 20 kleine Plastikverpackungen ein, wenn wir davon ausgehen, dass in jeder Verpackung 0,5 kg Nudeln sind. Unverpackt-Läden kaufen ihre Waren in Großpackungen von bis zu 15 kg. Wenn die Lieferanten sich dem System weiter anpassen, ist es sogar denkbar, dass die Nudeln direkt in einem wiederverwendbaren Container geliefert werden. Zudem setzen sich Unverpackt-Ladeninhaber/innen dafür ein, dass die Waren müllfreier angeliefert werden.

31. Erlebe deinen Supermarkt ganz neu.

Kaufst du in Discountern oder Supermärkten ein, wird es für dich nahezu unmöglich sein, ausschließlich plastikfreie Produkte mitzunehmen. Das ist völlig in Ordnung, denn es gibt nicht an jeder Ecke einen Unverpackt-Laden.
Nimm dir bei deinem nächsten Einkauf im Supermarkt oder Discounter etwas mehr Zeit. Schau dir an, was du ganz ohne Verpackungen kaufen könntest.
Für die Backwaren an den Backstationen kannst du deinen eigenen Beutel mitnehmen. Dasselbe gilt auch für unverpacktes Obst und Gemüse. Laufe die Regale entlang und versuche, Lebensmittel zu finden, die ohne Plastikverpackungen auskommen. Vielleicht entdeckst du Nudeln, Haferflocken oder Couscous, die in Papier verpackt sind. Auch eingefrorene Lebensmittel gibt es alternativ in Papier statt in Plastik, zum Beispiel Obst. Zudem sind Brotaufstriche häufig in Glas abgefüllt. Frage dich außerdem: Welche Dinge kaufst du, die du vielleicht selbst herstellen kannst? Hafermilch kannst du z.B. leicht frisch zubereiten. Gib dazu einen halben Liter Wasser zusammen mit einer Handvoll Haferflocken in einen Mixer und vermische beides auf hoher Stufe. Fertig!
Prüfe außerdem, ob dein Supermarkt Mehl, Müsli oder Reis in Großpackungen anbietet. Auch das spart am Ende Verpackungsmüll ein.
Die Umstellung deiner Einkaufsgewohnheiten erfordert ein wenig Zeit.
Hast du sie jedoch einmal umgestellt und dich daran gewöhnt, wird es dir wahrscheinlich so vorkommen als wäre es nie anders gewesen.

LEBE GESÜNDER ☼

Aus einigen Verpackungen können Stoffe in Lebensmittel übergehen, die du so ungewollt mitisst. Beispielsweise enthalten Konservendosen oft noch eine Beschichtung die BPA enthält.[45]

SEI UMWELTHELD/IN 🌍

Du bist bereit, deine Gewohnheiten umzustellen und kaufst vielleicht einige Produkte nicht mehr, die du vorher gekauft hast, da du für dich funktionierende Alternativen gefunden hast. Das alleine macht dich schon zur/m Held/in! Ganz nebenbei verbrauchst du weniger Produkte und damit auch weniger Verpackungen. 107 Kilogramm Verpackungsmüll verbrauchte im Jahr 2017 jeder Deutsche im Schnitt.[46] Jedes verbrauchte Kilo weniger spart wichtige Ressourcen wie Holz, Energie, Wasser und viele mehr.

32. Friere deine Lebensmittel plastikfrei ein.

Wir haben früher in Plastikdosen und in Gefrierbeuteln eingefroren. Verrückt, oder? Wir haben Geld für kleine Plastiktüten ausgegeben, in denen wir dann Lebensmittel eingefroren haben, nur um die Plastiktüten nach dem Auftauen wegzuwerfen. Doch es ist so einfach, in diesem Fall Plastik einzusparen. Du kannst Lebensmittel stattdessen im Glas, im Baumwollbeutel, in Papier oder in einem Wachstuch einfrieren. Meine Lieblinge sind Gläser und Baumwollbeutel, da sie am wenigsten Müll produzieren und am längsten haltbar sind.

Das **Einfrieren im Glas** ist die günstigste Alternative. Du brauchst keine neuen Gläser zu kaufen. Wenn du schon mal Erbsen oder Apfelmus im Glas kaufst, kannst du diese Schraubgläser einfach weiter nutzen. Nach dem Auftauen der Lebensmittel kannst du das Glas waschen und immer wiederverwenden. Auch Brotscheiben kannst du in großen Gläsern einfrieren.
Hinweis:
Nutze am besten dickwandige Gläser mit großer Öffnung. So bekommst du den Inhalt leichter heraus. Wenn du Lebensmittel im Glas einfrierst, dann stelle das Glas aufrecht in den Gefrierschrank und lasse knapp 1/3 Leerraum im Glas. So kann sich z.B. Flüssiges noch ausdehnen und das Glas zerspringt nicht im Gefrierschrank. Bitte lege niemals ein Glas, das gerade aus dem Gefrierschrank kommt, in heißes Wasser. Es kann sein, dass es dann schnell springt.

Das **Einfrieren im Beutel** funktioniert mit jedem Jute-/Baumwoll- oder Leinen-Beutel. Nach dem Auftauen der Lebensmittel kannst du den Beutel waschen und immer wieder nutzen. Wir frieren Gebäck im Beutel ein und legen den Beutel an dem Abend, bevor wir essen wollen, raus. So ist der Inhalt morgens aufgetaut. Auch Kuchen frieren wir im Beutel ein. Den Beutel verschließen wir einfach mit einem Knoten.

Zudem hat mich der **Papierbeutel** sehr überrascht, denn Brot und Kuchen waren nach dem Auftauen immer noch total saftig! Weder Brot noch Kuchen haben am Papier geklebt, sodass ich es zum Auftauen direkt aus dem Beutel nehmen konnte. So blieb der Papierbeutel sauber und ich konnte ihn nochmal nutzen.

Das **Wachstuch** hat zwei Vorteile: Zum einen ist das Brot, welches darin eingefroren wird, nach dem Auftauen noch sehr saftig, zum anderen kannst du damit auch Schüsseln verschließen und diese dann einfrieren. Wachstücher sind allerdings die Wachstücher kannst du selbst herstellen oder in Online-Shops einkaufen.

SPARE GELD

Du brauchst keine extra Dosen oder Beutel zum Einfrieren kaufen. Nutze das, was du bereits in deinem Haushalt hast. Dazu gehören Brottüten vom Bäcker oder Gläser mit Schraubverschluss zum Einfrieren von Lebensmitteln.

LEBE GESÜNDER

Bedenkliche Stoffe aus Kunststoffdosen können in deine Lebensmittel übergehen, wenn du zum Beispiel dein Essen samt Dose in der Mikrowelle erhitzt.[47] Nutzt du plastikfreie Alternativen, passiert dies nicht.

SEI UMWELTHELD/IN

Dadurch, dass du keine neuen Dosen oder Beutel kaufst, müssen weniger Produkte neu hergestellt werden, da die Nachfrage sinkt. Das spart Energie und Rohstoffe ein. Nimmst du deine Suppe, eingefroren im Glas, mit auf die Arbeit, steckst du vielleicht andere Menschen an, die immer noch in Plastikbeuteln einfrieren.

33. Probiere neue Rezepte aus, koche möglichst plastikfrei.

Auf den folgenden Seiten findest du einige meiner Lieblingsrezepte - von dem einfachsten Brot der Welt bis hin zu köstlichen Kuchen. Diese Rezepte sollen dir insbesondere Inspiration dafür geben, wie du Lebensmittel gut aufbrauchen kannst, anstatt sie wegzuwerfen. Fast alle Zutaten für diese Rezepte kannst du plastikfrei einkaufen. Vorschläge für alternative Einkaufsmöglichkeiten liefere ich dir auch. Zudem bekommst du Tipps zur Aufbewahrung der zubereiteten Speisen.

HIER GEHT'S LOS

MALZBIERBORT

EIN REZEPT, UNDENDLICH VIELE BROTE

34. Rezept Malzbierbrot.

Menge
2 Personen

Zubereitungszeit
10 Minuten

Backzeit
50 Minuten
200 Grad Ober/Unterhitze

Zutaten
500 ml Malzbier
500 g Mehl
1 El Backpulver
1 Prise Salz

Zubereitung
▶ Gib alle Zutaten in eine Rührschüssel und verrühre sie für zehn Minuten.

▶ Anfangs ist der Teig noch sehr flüssig. Es ist sinnvoll, ihn am Anfang auf hoher Stufe zu rühren, damit sich die Zutaten gut vermischen.

▶ Lege nun eine Kastenform mit Backpapier aus. Wenn du kein Backpapier zur Hand hast oder auf dessen Gebrauch grundsätzlich verzichten willst, kannst du die Form, wie meine Oma früher, einfach einölen und etwas Mehl darüber geben.

WASTELESSHERO TIPP

Das Malzbierbrot kann um beliebige Zutaten erweitert werden. Nimmst du Weizenmehl, eine Handvoll Datteln und zwei klein geschnittene Äpfel, ist es ein leckeres süßes Brot. Nimmst du Vollkorn-Dinkelmehl, eine große Handvoll Haferflocken und Haselnüsse, dann ist es ein perfektes Frühstücksbrot. Leinsamen, Sonnenblumenkerne, Kokosflocken, Datteln, Rosinen, Zimt, getrocknete Kräuter, Nüsse, Schokolade, Äpfel, Birnen - all das kannst du dem Teig hinzufügen. Es schmeckt köstlich und auf diese Weise kannst die viele Dinge gut aufbrauchen.

BROT AUFBEWAHREN

Ich backe meistens direkt zwei Brote auf einmal. Eins davon frieren wir in einem Baumwollbeutel ein. Einen Abend bevor wir das Brot essen möchten, nehmen wir es aus dem Gefrierschrank. Scheibenweise einfrieren geht auch. Das andere Brot bewahren wir im Baumwollbeutel auf. Wir achten darauf, dass er gut zugebunden ist. Bei uns ist ein Brot meistens in drei Tagen aufgebraucht. Da das Malzbierbrot so saftig ist, schmeckt es auch am dritten Tag echt noch top - kein bisschen ausgetrocknet. Falls doch, dann kannst du es mit ein wenig Wasser befeuchten und kurz in den Ofen stellen. Oder du toastest es dir auf.

KEINE BACKFORM

Für den außergewöhnlichen Fall, dass du keine 30 cm lange Kastenform hast, geht auch eine runde. Dann ist das Brot einfach dünner. Ein kleinere oder größere Kastenform geht auch, dann ist das Brot einfach viel höher oder kleiner.

BROTAUFSTRICH

NUDELSOSSE UND DIP IN EINEM

35. Rezept Brotaufstrich.

Menge
für 1 Woche

Zubereitungszeit
10 Minuten

Zutaten
1 Paprika
0,5 Tl Salz
0,5 Tl Pfeffer
1,5 Tl Paprika
1 handvoll Cashewkerne
100 ml Wasser

Zubereitung

▸ Wenn du einen starken Zerkleinerer/Pürierstab/ Mixer hast, kannst du direkt loslegen. Wenn nicht, dann lege die Cashewkerne für 2–3 Stunden in das Wasser ein, damit sie weicher werden und dein Mixer nicht kaputt geht.

▸ Schneide die Paprika in Stücke.

▸ Gib alle Zutaten, auch das Cashew-Wasser, in den Zerkleinerer/Pürierstab und mixe solange, bis keine großen Stücke mehr zu sehen sind. Schon bist du fertig.

WASTELESSHERO TIPP

Anstatt der Paprika kannst du jedes andere Gemüse nehmen. Tomaten, Broccoli. Kochst du gerade Möhren für ein anderes Rezept? Dann nimm eine große Möhre davon für den Brotaufstrich. Ist der Brotaufstrich noch nicht flüssig genug, dann gebe etwas Öl hinzu. Es eignen sich Olivenöl, Rapsöl oder Sonnenblumenöl. Ist der Aufstrich zu flüssig, dann gebe noch mehr Cashewkerne hinzu. Anstatt der Cashewkerne kannst du alle Nusssorten verwenden, die dein Mixer klein mahlen kann. Anstatt Paprika kannst du jedes andere Gewürz nehmen. Curry ist lecker als Gemüsebeilage und wenn du Basilikum oder Petersilie hast, wird es mit etwas Öl eine super leckere Nudelsoße.

AUFSTRICH AUFBEWAHREN

Wir bewahren den Aufstrich in einem Schraubglas auf. Er hält sich im Kühlschrank circa drei Tage. Wenn dir die Menge als Aufstrich zu viel ist, dann kannst du den Aufstrich auch als Nudelsoße, als Grillsoße oder als Dip für Gemüse verwenden - für die nächste Party zum Beispiel.
Wenn wir wissen, dass wir an dem Tag auch Nudeln essen wollen, machen wir einfach die doppelte Menge.

SALATE

MIT NUDELN UND COUSCOUS

36. Rezept Salate.

Menge
2 Personen

Zubereitungszeit
10 Minuten

Zutaten
2 Handvoll Gemüse
1 Handvoll Nudeln
frische Kräuter
Salz
Pfeffer
50 ml Öliven- oder Rapsöl
25 ml Balsamico- oder
        Apfelessig

Zubereitung
▸ Koche die Nudeln, den Reis oder den Couscous.

▸ Schneide währenddessen das Gemüse klein. Die Stücke sollten maximal 1 cm groß sein. Als Gemüse eignet sich alles, von Gurke und Tomate bis hin zu kurz gedünstetem Broccoli oder Möhren.

▸ Lasse die Nudeln etwas abkühlen und gebe dann die Nudeln und das Gemüse in ein großes Gefäß. Füge die Kräuter hinzu und rühre gut um. Mische aus dem Essig, Öl, Pfeffer und Salz eine Salatsoße.

Der Salat eignet sich sehr gut, wenn du spontan zu einem Picknick eingeladen wirst. Reste vom Vortag wie zum Beispiel Pfannengemüse, Backofen-gemüse oder ein Stück Gurke, die du übrig hast, kannst du perfekt für den Salat nutzen. Fülle einfach das Gemüse, bzw. die Reste, in eine Tasse und dazu entsprechend die gleiche Menge ungekochte Nudeln. Wir nehmen immer Vollkorn-Bio-Nudeln aus dem Unverpackt-Laden.
Ich fülle alle Zutaten in eine Schüssel, mache den Deckel drauf und schüttle kräftig. So vermischt sich alles ganz leicht.

⌐WASTELESSHERO TIPP ⟍

Anstatt der Nudeln kannst du auch eine halbe Tasse Couscous, Bulgur oder Reis kochen. Du kannst die Mengen beliebig erweitern. Hast du zwei Tassen Gemüse über, dann nimmst du zwei Tassen Nudeln. Ich brate meistens am Vortag mehr Gemüse an, sodass wir am nächsten Tag einen Salat damit machen können. Wenn du noch Sonnenblumenkerne oder andere Kerne übrig hast, dann röste sie für circa eine Minute in der heißen Pfanne an und gib diese zu dem Salat dazu. Das schmeckt wegen des Röstaromas nochmal richtig gut.

BOHNENBURGER

PERFEKT, UM AUF VORRAT ZU KOCHEN

37. Rezept Bohnenburger.

Menge
8 Burger

Zubereitungszeit
30 Minuten
bzw. 1 Tag

Zutaten
1 Tasse Bohnen
2 Tassen Wasser
1 handvoll Haferflocken
1 Zwiebel
2 Tomaten
Öliven- oder Rapsöl
Salz & Pfeffer

Zubereitung

▸ Lege die Bohnen 1 Tag, bevor du die Burger brätst, in dem Wasser ein. So verringerst du die Kochzeit der Bohnen erheblich.

▸ Koche die Bohnen am nächsten Tag. Es reicht, wenn du sie einmal aufkochst und danach für circa 20-30 Minuten auf kleiner Flamme köcheln lässt. In der Zeit kannst du die Zwiebeln und die Tomaten klein schneiden. Sind die Bohnen fertig gekocht, dann gibst du alle Zutaten zusammen in einen Topf und vermengst diese mit einem Stabmixer, bis du eine dicke, zähflüssige Masse hast.

▸ Erhitze das Öl in einer Pfanne und forme mit einem Esslöffel die Burger direkt in die Pfanne. Die Burger sollten maximal 1 cm dick sein. Brate sie auf kleiner Flamme circa 3-5 Minuten von jeder Seite an. Je nach Pfannengröße kannst du direkt 3 Burger gleichzeitig braten. Wenn deine Masse zu dünnflüssig ist, gib mehr Haferflocken dazu. Ist sie zu dickflüssig, gib eine pürierte Tomate oder Wasser hinzu.

WASTELESSHERO TIPP

Wenn du keine unverpackten Bohnen kaufen kannst, kannst du 1 Dose Kidneybohnen nutzen. Die lässt du dann einfach abtropfen und vermischst sie mit Zwiebeln, Öl, Salz & Pfeffer. Lasse die Haferflocken und die Tomaten weg. Das ist dann natürlich nicht ganz müllfrei. Alternativ bekommst du Großpackungen mit trockenen Bohnen auch in manchen asiatischen oder türkischen Supermärkten. Knoblauch, frische Kräuter wie Petersilie oder Dill, Paprikagewürz, Curry, ein paar Maiskörner, Linsen, Limettensaft – das alles kannst du mit in die Burgermasse einkneten.
Probier' einfach mal was aus!

STREUSELKUCHEN

ZUM FRÜHSTÜCK, MITTAG, ABEND, ZWISCHENDURCH

38. Rezept Streuselkuchen.

Zubereitungszeit
20 Minuten

Backzeit
45 Minuten
175° Grad Ober/Unterhitze

Zutaten
Belag
500 g Obst

Streusel
120 g Mehl
30 g Zucker
75 ml Öl
Schalenabrieb 1 Bio-Zitrone

Teig
200 g Mehl
1 Päck. Bachpulver
150 g Zucker
100 ml Bio-Öl
250 ml Wasser gemischt mit
2 Tl Cashewmus oder
1 Handvoll Haferflocken

Zubereitung

▸ Mixe das Wasser mit dem Cashewmuss. Gebe dann alle weiteren Zutaten für den Teigboden in eine Rührschüssel und rühre so lange, bis ein glatter Teig entsteht.

▸ Fette deinen Kuchenform ein und fülle den Teig nun in eine runde Kuchenform. Stelle das Ganze bei 175 Grad Ober-/Unterhitze für 15 Minuten in den Backofen. Das machst du, damit der Teig schon mal ein wenig fest ist, bevor die Flüssigkeit vom Obst dazu kommt.

▸ Schneide in der Zeit das Obst in kleine Stücke und stelle es in der Nähe vom Herd bereit.

▸ Knete die Zutaten für die Streusel solange, bis sich Streusel ergeben. Ich mache das mit meiner Küchenmaschine, dauert 2 Minuten.

▸ Sind die 15 Minuten um, hole den Kuchenboden aus dem Backofen und gib zügig das Obst auf den Boden und verteile die Streusel darauf. Nun kommt der komplette Kuchen bei gleicher Gradzahl, nochmal 20-30 Minuten in den Backofen.

WASTELESSHERO TIPP

Ich hab für diesen Kuchen ein Rezept so abgewandelt, dass ich die Zutaten plastikfrei einkaufen konnte, außer das Backpulver. Stattdessen kannst du auch Natron und Apfelessig mischen und das als Backpulver-Ersatz nutzen. In den Kuchen kann natürlich jedes Obst rein, das du magst. Wichtig ist nur, dass die Menge ungefähr gleich ist. Du kannst Kirschen aus dem Glas nehmen, Äpfel, Birnen etc.. Du kannst auch noch Schokoladenstücke zu dem Obst mischen, Walnussstücke oder eine Handvoll Kokosflocken.
Probiere einfach mal etwas aus.

ROSMARIN SIRUP

LECKER IN WASSER ODER IN SEKT

39. Rezept Rosmarin Sirup.

Menge
1 Liter

Zubereitungszeit
15 Minuten

Zutaten
1 Handvoll Rosmarin
1 l Wasser
100 g Zucker

Zubereitung

▸ Wasche den Rosmarin ganz kurz ab und gebe ihn dann mit dem Zucker und 1 l Wasser in einen Topf.

▸ Koche alles mit Deckel für 10 Minuten auf. Lasse den Rosmarin indem abgedeckten Topf für eine Nacht stehen.

▸ Gieße den Sirup am nächsten Tag durch ein Sieb, damit du die Rosmarin-Stücke rausfilterst. Fülle den Sirup in verschließbare Behälter. Falls du den Rosmarin jetzt noch weiter verwenden willst, kannst du ihn über Ofen-Gemüse oder Ofen-Kartoffeln geben.

WASTELESSHERO TIPP

Wenn du viel Rosmarin da hast, dann kannst du ihn in ein Glas ohne Wasser stellen und so trocknen. Den Sirup kannst du auch aus getrocknetem Rosmarin machen. Schmeckt genauso gut.
Durch den Zucker hält sich der Sirup mehrere Wochen. Bei uns hält er sich nur vier Tage, da er danach weggetrunken ist. Ist dir der Sirup nicht süß genug, kannst du mehr Zucker nehmen. Manche nehmen halb so viel
Zucker wie Wasser. Also 1 l Wasser = 500 g Zucker. Mir ist das zuviel.
Anstatt Zucker kannst du auch andere Mittel zum Süßen nutzen: Aganvendick-saft, Xylit... Nimm hier erst einmal die gleiche Menge. Ist es dir nicht süß genug, kannst du einfach nachsüßen. Es eignet sich auch jedes andere Kraut für den Sirup: Basilikum, Thymian etc.: Am besten frisch aus dem eigenen Garten, vom Markt oder von Freunden, die Kräuter im Garten oder auf dem Balkon selbst anbauen. Meine frischen Gewürze sammle ich auch immer bei Freunden ein.
Falls du selbst gerne Sorbet aus frischen Himbeeren machst, gib dort einmal ein wenig Basilikum-Sirup drüber. Schmeckt super lecker. So einfach machst du Himbeer-Basilikum-Eis.

KÜRBISKEKSE

PERFEKT FÜR KLEINKINDER UND ERWACHSENE

40. Rezept Kürbiskekse.

Zubereitungszeit
10 Minuten

Backzeit
20 Minuten
180 Grad Ober-/Unterhitze

Zutaten
2 Tassen Hokkaidokürbis
2 Tassen Wasser
2 Tassen Haferflocken
1 Tasse Datteln (für
    Kinder) oder 1/2 Tasse
    Zucker
1 Banane
1 Tl Zimt
1 Tl Backpulver

Zubereitung
▶ Schneide den Kürbis in kleine Stücke. 1 Tasse ist ungefär 1/4 oder 1/2 Kürbis, je nach Größe. Koche den Kürbis für knapp 10 Minuten, so dass er weich ist.

▶ Gib alle Zutaten in eine Schüssel und vermenge sie gut mit einem Stabmixer. Es sollte ungefähr so aussehen wie ein Porridge / Haferbrei. Die Konsistenz ist eher cremig und zähflüssig.

▶ Öle nun ein Backblech ein oder nutze Bio-Backpapier. Gieße die Masse auf das Blech und verteile sie mit einem Esslöffel. Die Masse sollte circa 1 cm dick sein. Du kannst auch kleine Keks-Häufchen mit einem Esslöffel formen.

▶ Gib das Blech nun für 20 Minuten bei 160 Grad (Ober-Unterhitze) in den Backofen. Je nach Backofen kannst du sie auch 5 Minuten länger drin lassen. Nach dem Backen sollten die Kekse schön weich sein.

▶ Warte, bis alles abgekühlt ist. Schneide nun Vierecke aus dem Teig. So kannst du die Kekse perfekt einfrieren.

⌐WASTELESSHERO TIPP ✐

Ich hab für Herrn Baby meistens fünf 4 x 4 cm große Stücke in einem Glas eingefroren und mitgenommen, wenn wir unterwegs waren. Die Menge dieses Rezepts hat meistens für 2 Wochen gereicht und ist ein super gesundes Essen für Herrn Baby. Wenn du die Kekse für dich machen willst, dann mach es wie ich und gebe noch Kakao, Nüsse, Kerne, Kokosflocken oder Schokolade hinzu. Alles passt zu den Keksen. Anstatt des Kürbis kannst du auch die gleiche Menge Möhren nehmen. Für dieses Rezept bekommst du alle Zutaten plastikfrei. Kürbis ist selten verpackt, Bananen auch nicht. Haferflocken und Zucker bekommst du in der Papierverpackung.

KAPITEL 4 –
NACHHALTIGE GERTÄNKE

Wusstest du, dass...

… Kaffee-Trinker in ihrem Leben im Schnitt 77.000 Tassen Kaffee trinken? Das sind circa 164 Liter pro Kopf pro Jahr.

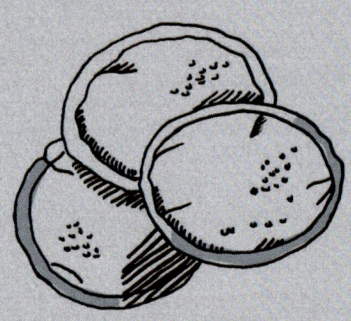

… 6,33 Millionen Menschen Kaffee aus Kaffee-Pad-Maschinen konsumieren?

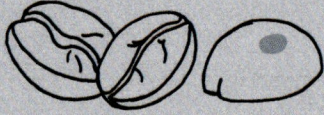

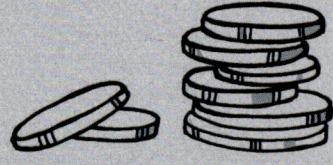

… mehr als 4 Millionen Euro in 2018 in Deutschland mit Kaffee umgesetzt wurden?[48]

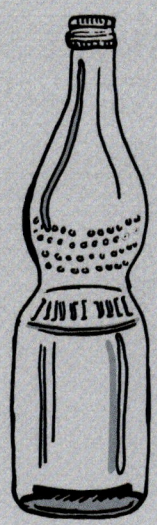

... Glas die einzige Getränke-
verpackung ist, von der sicher
keine Schadstoffe in den Inhalt
übergehen können?[45]

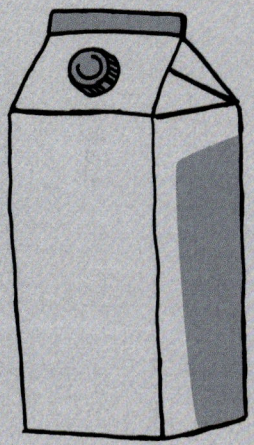

... Milch im Glas ökologisch
gesehen nicht unbedingt besser
ist als Milch im Karton?[49]
Dazu erfährst du mehr in diesem
Kapitel.

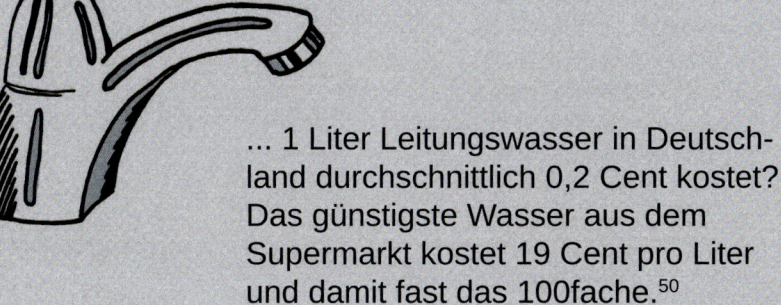

... 1 Liter Leitungswasser in Deutschland durchschnittlich 0,2 Cent kostet?
Das günstigste Wasser aus dem
Supermarkt kostet 19 Cent pro Liter
und damit fast das 100fache.[50]

3 Wege für mehr Nachhaltigkeit beim Trinken

41. Trinke regionale Getränke, bestenfalls aus dem Mehrwegbehälter.

42. Trinke Leitungswasser.

43. Koche deinen Kaffee und Tee komplett müllfrei.

41. Trinke regionale Getränke, bestenfalls aus dem Mehrwegbehälter.

Die Entscheidung, welche Getränke wir kaufen und trinken, ist in Bezug auf das Thema Nachhaltigkeit wirklich eine herausfordernde. Ist Glas wirklich besser als der Pappkarton? Sollte ich eher Plastik-Mehrweg wählen oder die Einweg-Variante aus Glas?

Zum Glück gibt es, ökologisch gesehen, eine einfache Antwort darauf: Mehrweg ist besser als Einweg. Denn Mehrweg-Flaschen können 25 bis 60 Mal erneut befüllt werden und haben somit eine viel längere Lebensdauer als Einwegflaschen, die nach einmaliger Nutzung entsorgt werden müssen. Regional befüllte Mehrweg-Flaschen sind ökologisch gesehen Flaschen, die weit weg abgefüllt wurden, zu bevorzugen. Regional bedeutet innerhalb eines Umkreises von bis zu 200 km. Auf den Flaschen steht, wo diese abgefüllt wurden. Die Entscheidung, ob du eine regionale Glas- oder Plastikflasche kaufst, liegt dann bei dir. Hier siehst du vielleicht schon ein kleines Dilemma. Die beste Entscheidung - aus ökologischer Sicht und für deinen Körper - triffst du, wenn du Mehrwegglasbehälter kaufst, die in der Nähe abgefüllt werden. Gibt es keine regional abgefüllten, wären Mehrweg-Plastikflaschen ökologisch besser, wegen des geringeren Energieaufwandes beim Transport. Plastikflaschen können aber schädliche Stoffe enthalten.
Zudem gibt es einige Produkte, die es momentan nur im Einwegglas oder Einwegplastik gibt, wie zum Beispiel Sekt. Ganz ohne Einweg, denke ich, werden wir also aktuell nicht auskommen.
Mittlerweile produzieren einige Getränkehersteller fruchtige Limo und Säfte direkt in Deutschland und füllen diese auch hier ab. Lokale Biere und Weine gibt es häufig sogar in unmittelbarer Umgebung und mittlerweile wird zumindest Wein teilweise bereits in einer Mehrweg-Glasflasche angeboten.

LEBE GESÜNDER

Wusstest du, dass Plastikflaschen einen Stoff enthalten können, der mittlerweile seitens der EU unter Verdacht steht, krebserregend zu sein?[51] Dieser befindet sich häufig in den Einwegflaschen aus dem Discounter. Zudem enthalten manche Plastikflaschen hormonell verändernde Stoffe. Glas hat gesundheitlich den Vorteil, dass es keine Schadstoffe an die Getränke abgibt.

SEI UMWELTHELD/IN

Entscheidest du dich für Mehrweg-
flaschen, sorgst du dafür, dass weniger
Müll durch Einweg-Flaschen entsteht.
Das spart Ressourcen bei der Entsorgung. Nutzt du zudem noch Mehrwegflaschen, die in der
Umgebung befüllt und gespült werden,
spart das vor allem Ressourcen beim
Transport. Glas hat zudem die Eigen-
schaft, dass es besser recycelt werden
kann, sodass die Recyclingquote höher
ist als bei Plastik. Auch hier entsteht
wieder weniger Müll.
Zur Herstellung von Getränkedosen
wird Aluminium und Eisenerz abgebaut
und das nur, damit die Dose nach dem
Trinken direkt in den Müll geworfen wird.
Getränkekartons bestehen meist aus
einem Verbundmaterial aus Aluminium
und Papier und sind daher sehr schwer
zu recyceln. Den einzigen Vorteil, den
sie bieten, ist ihr niedriges Gewicht,
denn sie schneiden bei den Transport-
Emissionen deutlich besser ab als Glas.[49]

⚠ TIPP

Kaufst du Einweggläser, achte darauf, dass sich im Deckel eine blaue Schicht
befindet. Damit Einweggläser dicht werden, wird Kunststoff in den Deckel ge-
spritzt. Der blaue Kreis im Deckel zeigt dir, dass hier ein Kunststoff verwendet
wurde, der frei von BPA und Weichmachern ist.

42. Trinke Leitungswasser.

Das deutsche Leitungswasser wird regelmäßig Überprüfungen unterzogen und gilt als das am besten kontrollierte Lebensmittel.

Falls du dir Sorgen darüber machst, ob deine Wasserleitungen Blei oder Kupferteilchen an das Wasser abgeben, lasse dein Leitungswasser testen. Regionale Universitäten oder Energieversorgungsunternehmen bieten diese Leistung häufig an. Zudem gibt es weitere Anbieter im Internet, bei denen du einen Wassertest bestellen kannst. Du bekommst ein Plastikröhrchen zugeschickt, in welches du das Wasser aus deiner Leitung füllst. Sobald du es zurück geschickt hast, wertet das Institut die Wasserprobe aus und prüft, welche Stoffe in deinem Wasser enthalten sind. Das Ergebnis bekommst du in Form eines Testbogens zurück. Die Testinstitute beraten dich auch, falls die Ergebnisse bedenklich sind oder du dir einen Wasserfilter zulegen willst.

SPARE GELD

Ein Liter Leitungswasser kostet in Deutschland im Schnitt 0,2 Cent. Für das günstigste Wasser aus dem Supermarkt dagegen werden 19 Cent pro Liter fällig und damit fast das 100fache.[50]

GEWINNE ZEIT

Trinkst du häufiger oder sogar immer Leitungswasser, musst du weder Flaschen zum Pfandautomaten bringen noch neue Flaschen einkaufen.

LEBE GESÜNDER

Wie im vorherigen Abschnitt erwähnt, können aus Plastikflaschen Schadstoffe in das Getränk übergehen. Zudem wurden auch in diversen kaufbaren Glas-Wasserflaschen Stoffe wie Arsen oder Pestizid-Rückstände gefunden, die du durch das Trinken aufnehmen würdest.[52]

SEI UMWELTHELD/IN

Trinkst du Leitungswasser, sparst du sehr viel Energie und Ressourcen ein, die sonst beim Transport von Wasser- und anderen Getränkekisten entstehen würden. Stell dir einmal vor, alle würden Leitungswasser trinken: Wir bräuchten keine Firmen oder Industriezweige mehr, die Wasser abfüllen. Das hätte zur positiven Folge, dass es weniger zu betreibende Produktionsstätten und weniger produzierende Maschinen geben würde. Eine Menge Ressourcen würden würden eingespart werden, da die Herstellung von Flaschen sowie das Abfüllen des Wassers wegfallen würden.

 TIPP

Willst du dir unterwegs Wasser besorgen, dann schaue mithilfe der Refill-App nach Cafés oder Shops in deiner Nähe, in welchen du dir deine eigene Flasche kostenlos auffüllen (lassen) kannst. Funktioniert auch bei internationalen Reisen super!

43. Koche deinen Kaffee und Tee komplett müllfrei.

Kaffee-Junkies aufgepasst: Du kannst deinen Kaffee wirklich komplett müllfrei kochen. Mein Freund lässt sich frisch gemahlenen Kaffee in unterschiedlichen Röstereien in Köln in seinen eigenen Behälter abfüllen. Mittlerweile kannst du dir deinen Kaffee sogar bei größeren Kaffeehändler-Ketten in deinen eigenen Behälter abfüllen lassen.
Wir kochen das Wasser im Edelstahl-Wasserkocher und in der French-Press brühen wir den Kaffee dann auf.
Wenn du Filterkaffee bevorzugst, empfehle ich dir anstatt der herkömmlichen Kaffeefilter aus Papier die Nutzung waschbarer Filter aus Baumwolle oder Leinen und einen Keramikfilter.
Zudem kaufen wir auch unseren Tee unverpackt direkt beim Teehändler oder im Unverpackt-Laden - oft dann in größeren Mengen. Für die Zubereitung nutze ich ein Tee-Ei oder einen Teebeutel aus Baumwolle.

SPARE GELD

Viele Kaffeemaschinen benötigen speziell für die Maschine passendes Zubehör zur Reinigung. Der klassische Keramikfilter und die klassische Kaffeemaschine oder die French-Press kommen ohne aus. Das spart dir Geld. Beim Vergleich von Kapseln und Filterkaffee fällt auf, wie viel Geld du sparen kannst: 500 g Kaffee kosten unverpackt knapp 6 Euro. Die vergleichbare Menge Kaffeekapseln würde 34 Euro kosten und damit fast das sechsfache.[53] Nutzt du außerdem einen Filter aus Stoff oder Keramik, kannst du diesen einfach waschen bzw. spülen. Der Kauf neuer Kaffeefilter entfällt und du sparst Geld.

LEBE GESÜNDER ☼

Viele Kaffeemaschinen bestehen zum Großteil aus Plastik. Kaffeekapseln sind oft auch aus Kunststoff oder Aluminium. Diese Schadstoffe gelangen demnach in unseren Körper. Kaufst du Tee oder Kaffee unverpackt und bereitest beides mithilfe eines Wasserkochers aus Glas und/oder Edelstahl zu, kannst du dem vorbeugen.

SEI UMWELTHELD/IN 🌍

Bis zu 8.000 Tonnen Verpackungsmüll werden jährlich durch Kaffeekapseln produziert. Ein weiterer Nachteil der Kapseln ist, dass sie nicht wieder zu neuen Kapseln recycelt werden können. Zur Herstellung aller Kaffeekapseln in 2016 mussten knapp 31.000 Tonnen Aluminium abgebaut werden. Diese hätten ansonsten einfach in der Umwelt bleiben können.[54]

 TIPP

Hast du schon eine Kapselmaschine zuhause, dann schau einmal, ob es für diese passende Mehrwegkapseln gibt. Diese kannst du häufiger verwenden, wodurch weniger Müll anfällt.

Kapitel 5 –
Der Kleiderschrank

Wusstest du, dass...

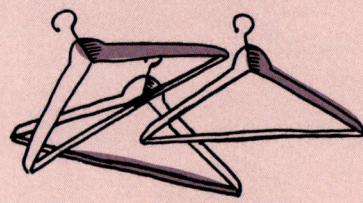

… sich jede/r Deutsche/r im Schnitt pro Jahr 40 bis 70 neue Kleidungsstücke kauft? Das sind drei bis sechs neue Kleidungsstücke pro Monat. Frauen kaufen ca. die Hälfte ihres Körpergewichtes an neuer Kleidung pro Jahr.[55]

… für den Großteil neuer Kleidungsstücke Baumwolle genutzt wird? Diese wird in warmen Ländern wie Kasachstan, China und vielen Teilen Afrikas angebaut. Bei dem Anbau werden Pestizide, Düngemittel, Pilz- und Insektengifte eingesetzt. Diese sind den fertigen Kleidungsstücken wieder auffindbar.[55]

… mehr als 1 Millionen Kinder in der Baumwollproduktion arbeiten und viele junge Frauen 16 Stunden pro Tag damit zubringen, T-Shirts und Hosen für uns zu nähen?[55]

... eine Jeans 50.000 bis 100.000 km zurücklegt, bis sie in unseren Regalen liegt? Das verbraucht Unmengen an CO_2 und Erdöl.[55]

... in Deutschland jährlich 1,3 Millionen Tonnen getragener Kleidung werden? In der EU enden 80 Prozent entweder in der Müllverbrennungsanlage oder auf der Deponie.[11] Einiges wird als Second Hand Ware in der ganzen Welt verkauft.[56] Nur ein kleiner Teil wird recycelt, nicht jedoch zu Garnen oder zu Stoffen, sondern z.B. zu Putzlappen und Isolier- oder Füllmaterialien.

... 60 % unserer Kleidung Polyester enthält? Im Jahr 2016 wurden 21,3 Millionen Tonnen erdölbasiertes Polyester für Kleidung genutzt. Die daran enthaltenen Weichmacher landen als Mikroplastik in unserer Umwelt, können in die Nahrungskette gelangen und uns Menschen schaden.[56]

... 20.000 bis 40.000 verschiedene Chemikalien eingesetzt werden, um Kleidung zu färben und zu behandeln? Sie landen über die Flüsse in den Meeren und in unserem Grundwasser. Einige davon sind krebserregend, können dein Erbgut und Hormonsystem verändern und Allergien auslösen.[11]

4 Wege für mehr Nachhaltigkeit im Kleiderschrank

44. Kaufe weniger neue Kleidung ein.

45. Kaufe Kleidung Second Hand.

46. Achte auf Bio-Baumwolle und meide Chemikalien.

47. Textilsiegel im Überblick.

44. Kaufe weniger neue Kleidung ein.

Hört sich erst einmal sehr einfach an, oder? Wenn du jedoch zu den Menschen gehörst, die super gern mit ihren Freund/innen einkaufen gehen, online shoppen oder jeden Monat eine Shopping-Tour machen, klingt dieser Vorsatz schon anspruchsvoller.

Deshalb überlege vor jedem Kauf eines neuen Kleidungsstücks: „Brauche ich das wirklich?". Warte ein oder zwei Tage ab, bevor du dir das neue Teil kaufst. Vielleicht merkst du in der Zwischenzeit, dass du doch keine fünfte Jacke oder ein achtes Paar Schuhe benötigst. Häufig stellen wir nach einiger Zeit fest, dass wir das neue Teil gar nicht brauchen.

Vielleicht hilft es dir auch, daran zu denken, dass dein Kleiderschrank mit jedem Kauf voller wird und du ihn deshalb bald wieder aussortieren musst. Frage dich beim Kauf jeden neuen Kleidungsstückes: „Warum möchte ich das haben?" Ist es vielleicht nur, weil du es in einer Werbung gesehen hast? Oder weil du denkst, dass du damit cool rüberkommst und dir Komplimente erhoffst? Und in Wirklichkeit siehst du wahrscheinlich so schon verdammt gut aus, oder?

Wenn du das nächste Mal mit Freund/innen unterwegs bist die gern shoppen gehen wollen und du mit in die Geschäfte gehst, nimm dir ganz bewusst vor, dort nichts zu kaufen. Gelingt es dir, dann lobe und belohne dich selbst mit einem Eis oder etwas anderem! Verabrede dich mit deinen Freunden zum Schwimmen, zum Kino, Konzert, Festival oder zum Essen anstatt zu shoppen.

SPARE GELD

Natürlich gibst du weniger Geld aus, wenn du weniger neu kaufst. Zudem benötigst du weniger Platz und sparst dir so das Geld für neue Schränke oder Kommoden.

LEBE GESÜNDER

Neu hergestellte Kleidung enthält hohe Mengen von Chemikalien, die deinem Körper schaden können. Erspare ihm diese!

GEWINNE ZEIT

Die Zeit, die du sonst zum Bummeln oder Online-Shopping genutzt hast, kannst du jetzt mit Freunden, Sport oder Lieblingsbüchern und -serien verbringen. Vor allem auch die Zeit die du montalich / halbjährlich genutzt hast, um den Kleiderschrank auszusortieren, oder um die Wintersachen in den Keller und die Sommersachen in den Schrank zu legen.

Sei Umweltheld/in

Insbesondere das bequeme Online-Shopping verursacht eine Menge Verpackungsmüll, Energie- und Transportaufwand. Kaufst du wirklich nur, was du brauchst, ist Online-Shopping völlig in Ordnung. Allerdings werden allein in Deutschland mehr als 250 Millionen Pakete nach dem Online-Kauf zurückgesandt, was zu doppeltem Transportaufwand führt und oft auch dazu, dass Retouren einfach vernichtet werden. Natürlich brauchen auch Kaufhäuser und Geschäfte eine Menge Platz und Energie.[57] Je weniger du kaufst, umso mehr Ressourcen werden gespart. Das betrifft den Versand und Rückversand deiner Waren, deine An- und Rückreise mit dem Auto zu den Geschäften oder das vorherrschende Überangebot von Waren. Fragen wir alle weniger Kleidung nach, wird sich auch das Angebot verkleinern.

45. Kaufe Kleidung Second Hand.

Wer jetzt an schmuddelig riechende Geschäfte denkt, dem kann ich eine neue Welt vorstellen. Second Hand Shopping hat sich mittlerweile zu einem richtigen Trend entwickelt. Es gibt viele Marken, die Second Hand Shopping richtig stylish aussehen lassen. In vielen großen Städten gibt es eine richtig gute Second-Hand Shop Szene. Wohnst du in einer größeren Stadt schau einfach mal im Internet nach zum Beispiel "Köln Second Hand Geschäfte". Mittlerweile kannst du das auch online über Ebay-Kleinanzeigen oder Kleiderkreisel, dort findest du richtig schöne Kleidung zu viel günstigeren Preisen verglichen zum Neupreis. Häufig kommt es bei mir vor, dass ich mir etwas in einem Ladengeschäft anschaue und dann direkt online schaue, ob es das Teil schon als Second Hand ware gibt. Bisher hatte ich damit immer Erfolg. Außerdem hast du die Möglichkeit, Kleidung zu leihen, wenn du z.B. ein Kleidungsstück für einen konkreten Anlass, der nicht allzu oft vorkommt, benötigst. Frage bei deinen Freund/innen nach, ob du etwas für diesen Anlass leihen kannst.

Die Suche nach bestimmten Kleidungsstücken ist meist zeitintensiver. Jedoch ist es diese Zeit wert, denn Vorteile ergeben sich eine ganze Menge.

SPARE GELD

Second Hand Kleidung ist preisgünstiger als Neuware.

LEBE GESÜNDER

Second Hand Kleidung kann weniger Schadstoffe enthalten als Neuware, da sie durch die lange Nutzungsdauer bereits herausgewaschen wurden.[58]

SEI UMWELTHELD/IN

Greifst du auf Second Hand Kleidung zurück, sorgst du automatisch dafür, die Neuproduktion von Kleidung zu bremsen.[11] Es werden weniger Ressourcen wie Wasser, Rohmaterialien und Energie für die Herstellung von neuer Kleidung gebraucht und weniger Schadstoffe an die Umwelt abgegeben.

46. Achte auf Bio-Baumwolle und meide Chemikalien.

Es gibt Kleidungsstücke, bei denen Hinweise wie „separat waschen" oder „vor dem Tragen waschen" aufgedruckt sind. Hier ist es oft der Fall, dass die genutzten Farbstoffe schlecht an den Fasern der Kleidung haften und schnell an deine Haut oder in das Waschwasser abgegeben werden. Vielleicht kannst du dich an ein Kleidungsstück erinnern, dass stark abgefärbt hat? Vermeide den Kauf solcher Kleidung.

Kleidung, die aus Bio-Baumwolle hergestellt ist, ist eine gute Alternative zu Produkten aus 100 % Polyester oder konventioneller Baumwolle. Bei der Produktion von Bio-Baumwolle werden keine schädlichen Düngemittel oder Pestizide genutzt. So gelangen weniger davon in die unserer Erde.[59]

Oft ist es für uns selbst beim Einkaufen sehr aufwändig, herauszufinden, welche Marken oder Kleidungsstücke aus Bio-Baumwolle sind und demnach wenig Chemikalien enthalten. Daher findest du im Folgenden eine Liste mit Siegeln, auf die du beim Kauf von Kleidung achten kannst. Zudem empfehle ich dir die App „Siegelklarheit". Damit kannst du direkt im Geschäft das Siegel scannen und erkennst, für welche nachhaltigen Prinzipien und Leitlinien es steht.

SPARE GELD

Du wirst bei deiner nächsten Shopping-Tour feststellen, wie wenige Kleidungsstücke über gute Siegel verfügen. Das wird dich dazu bringen, darüber nachzudenken, ob du das Kleidungsstück in deinen Händen wirklich so dringend benötigst. Wahrscheinlich wirst du in Zukunft viel weniger einkaufen.

LEBE GESÜNDER

Selbst in einfachen Kinderspielsachen wie Knete konnten krebserregende Stoffe nachgewiesen werden. Machst du Dinge selbst, weißt du genau, was darin enthalten ist und kannst sogar darauf achten Bio-Rohstoffe zu verwenden.

SEI UMWELTHELD/IN

Viele Unternehmen in Entwicklungs- und Schwellenländern leiten Abwasser, das beim Färben entsteht, direkt in die Flüsse. Das führt dazu, dass Trinkwasser verschmutzt wird und schädliche Stoffe ins Meer gelangen.[60] Würden wir alle viel weniger neue Kleidung kaufen, würden wir so die Herstellung neuer schädlicher Kleidungsstücke minimieren.

Viele der genannten Siegel unterstützen eine faire Bezahlung der Menschen, die deine Kleidung herstellen, und sorgen zudem dafür, dass weniger oder sogar keine umweltschädlichen Stoffe bei der Herstellung genutzt werden.

47. Textil-Siegel in der Übersicht[61]:

Blauer Engel
Kennzeichnet Textilien, die ohne gesundheitsgefährdende Chemikalien auskommen.
Deckt sowohl Natur- als auch Kunstfasertextilien ab.

Bluesing Product
Steht dafür, gefährliche Chemikalien im gesamten Herstellungsprozess zu vermeiden.
Deckt alle Faserarten der Textilherstellung ab.

EU Ecolabel
Definiert Anforderungen an umweltfreundliche Prozesse entlang des gesamten Produktionsweges und verbietet den Einsatz bestimmter Chemikalien.
Deckt sowohl Natur- als auch Kunstfasertextilien ab.

Cradle to Cradle
Hier steht der Kreislaufgedanke im Vordergrund. Alle Materialien, aus denen ein Produkt besteht, müssen biologisch abgebaut werden oder wiederverwendet werden können.

GOTS
Sind Textilien, die zu mindestens 70% aus biologischen Naturfasern bestehen.
Ab 95% gibt es den Zusatz "organic".
Es dürfen bis zu 30% Recyclingfasern enthalten sein.
Berücksichtigt werden hier auch soziale Kriterien z.B. keine Kinderarbeit.

Mit der APP Siegelklarheit kannst du direkt vor Ort prüfen, für was das aufgedruckte Siegel steht.

Kapitel 6 –
Haus und Wohnung

Wusstest du, dass...

... pro Jahr weltweit knapp 200 Milliarden kWh Strom für das Streamen von Filmen, Serien und anderen Videos über Netflix, Amazon, Youtube usw. anfallen? Mit der gleichen Menge an Strom könnten wir alle Privathaushalte in Deutschland, Polen und Italien für ein Jahr mit Strom versorgen?[62]

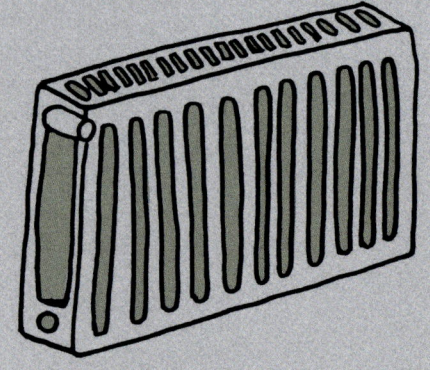

... die privaten Haushalte in Deutschland mehr als zwei Drittel ihres Energieverbrauchs zum Heizen nutzen?[63]

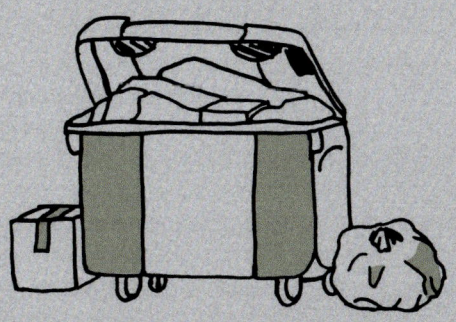

... jeder Deutsche im Jahr 2018 455 kg Haushaltsmüll verursacht hat? Das ist soviel wie ein halber Kleinwagen oder wie 6000 feste Shampoos wiegen.
Angefallen sind 120 kg Bioabfälle, 157 Restmüll, 146 Wertstoffe (Papier, Verpackungen, Glas) und 31 kg Sperrmüll.[64]

… 124 Millionen Smartphone Altgeräte in Schubladen versauern?[65] Und das ein Smartphone knapp 300 Milligramm Silber und 30 Milligramm Gold enthält?[66]

... die Heizung durchschnittlich knapp 70 % des Energieverbrauches im Haushalt ausmacht? Und damit das größte Potential bietet um ein/e Umweltheld/in zu werden?[67]

7 Wege für mehr Nachhaltigkeit in Haus und Wohnung

48. Reduziere deinen Stromverbrauch mit einfachen Tricks.

49. Wechsele zu einem Ökostrom-Anbieter.

50. Spare eine Menge Energie durch richtiges Heizen.

51. Verkleinere deinen Wohnraum.

52. Bestelle Werbung ab.

53. Finde ein neues Zuhause für Dinge, die du nicht mehr brauchst.

54. Kaufe energiesparende oder gebrauchte Elektrogeräte.

48. Reduziere deinen Stromverbrauch mit einfachen Tricks.

Das hört sich einfach an und ist doch manchmal eine Herausforderung. Morgens klingelt der Wecker deines Smartphones, das du nachts an der Steckdose aufgeladen hast. Du machst die Kaffeemaschine an und föhnst dir nach dem Duschen die Haare. Auf der Arbeit sitzt du vielleicht acht bis neun Stunden am Computer und hörst währenddessen Musik über dein Smartphone. Abends kochst du, machst eine Maschine Wäsche an und guckst dann noch zwei bis drei Folgen einer Serie auf deinem Fernseher. Den ganzen Tag verbrauchst du Strom.

Einfache Mittel, mit denen du Strom sparen kannst: Melde dich von Newslettern ab und lösche unnötige Mails, so wird weniger Speicherplatz auf Servern benötigt und damit weniger Strom.[62] Versuche, ein bisschen weniger Serien zu schauen. Ich weiß, das kann bei guten Serien eine echte Herausforderung sein. Nutze die Zeit für Sport, zum Lesen oder für gemeinsame Zeit mit Freund/innen. Leg das Smartphone öfter beiseite, schaue bei Bahnfahrten häufiger aus dem Fenster und beobachte, wie die Landschaft an dir vorbeizieht. Achte bei der Anschaffung neuer Geräte wie Waschmaschine oder Kühlschrank auf die richtige Größe. Ein größerer Kühlschrank verbraucht mehr Strom als ein kleiner. Viele Menschen haben einen riesigen Kühlschrank, der meist halb leer ist. Achte zudem darauf, dass neue Geräte die Energieeffizienzklasse A++ oder besser haben. Diese Geräte verbrauchen teilweise weniger als die Hälfte des Stroms, den ein älteres Gerät verbrauchen würde.[68] Stelle die Temperatur deines Kühlschrankes etwas höher und die Temperatur deiner Waschmaschine niedriger. Schalte das Licht in den Räumen aus, in denen du gerade kein Licht brauchst. Ziehe das Ladegerät aus der Steckdose, wenn du gerade kein Gerät lädst. Schalte Geräte aus, wenn du sie nicht nutzt, lasse sie nicht im Standby-Modus.

Benutze beim Kochen einen Deckel, so geht weniger Wärme aus dem Topf verloren. Schneide Gemüse kleiner, damit sich die Garzeit verringert. Heize den Ofen nicht mehr so lange vor. Trockne deine Wäsche an der Luft, anstatt auf den Trockner zurückzugreifen.

Zunächst mag das alles aufwändig klingen. Nimm dir die Zeit, um die Vorschläge nach und nach umzusetzen. Das Schöne an diesen einfachen Tipps ist, dass einige mit einer einmaligen Einstellung bereits erledigt sind. Hast du z.B. die Temperaturänderung an deinem Kühlschrank vorgenommen, denkst du danach wahrscheinlich nie wieder darüber nach und sparst dennoch eine Menge Strom. Denke täglich daran, welche wunderbaren Vorteile du davon hast, wenn du weniger Strom verbrauchst: Du sparst Geld, Ressourcen und bist ein Umweltheld.

SPARE GELD

Du kannst pro Jahr mehr als 250 Euro sparen,[68] wenn du weniger Strom verbrauchst. Knapp 70 Euro durch Geräte mit den Klassen A++, anstatt A, B oder C in der Küche und dem Bad. Hängst du deine Wäsche auf, anstatt den Trockner zu nutzen, spart das bis zu 80 Euro pro Jahr.[70] Geräte ausschalten, anstatt den Stand-By-Modus zu nutzen, kann bis zu 100 Euro sparen.[71]

SPARE RESSOURCEN

Zur Gewinnung von Strom werden noch immer größtenteils Ressourcen wie Erdöl, Erdgas, Kohle und Uran genutzt. Diese Ressourcen sind endlich. Zudem entstehen bei deren Gewinnung Schadstoffe wie Kohlenwasserstoffe und Rußpartikel. Der Staub, der dabei entsteht, kann negative Folgen für die Gesundheit haben. Zudem trägt die Gewinnung von Strom zur Erderwärmung bei und schädigt auf diese Weise unser Klima.[69] Nicht zu vergessen sind die Atommüll-Transporte oder Wälder die zur Gewinnung von Braunkohle gerodet werden.

LEBE GESÜNDER

Du trägst dazu bei, dass weniger schädliche Stoffe in die Umwelt abgegeben werden. In Gebieten, in denen Braunkohle abgebaut wird, wurde eine deutlich höhere Feinstaubbelastung festgestellt.[72] Feinstaub kann die Lungenfunktion verringern oder zu chronischen Entzündungen der Lunge führen.[73]

SEI UMWELTHELD/IN

Du schonst knappe Ressourcen und sorgst somit sorgst dafür, dass weniger Anbaugebiete erschlossen und weniger Wälder gerodet werden müssen.

49. Wechsele zu einem Ökostrom-Anbieter.

Als Ökostrom wird derjenige Strom bezeichnet, der aus erneuerbaren Energien (Wasser- und Windkraft, Solar- und Biogasanlagen) gewonnen wird. Der Wechsel zu einem Ökostrom-Anbieter dauert höchstens zwei Stunden und bei allen kannst du den neuen Vertrag sogar online abschließen. Diese zwei Stunden sind ihre Zeit jedoch wert, denn Vorteile ergeben sich eine ganze Menge.

SPARE GELD

Ökostrom ist häufig günstiger. Meine Familie und ich bezahlen seit dem Wechsel 15 Euro weniger pro Monat. Das macht 180 Euro im Jahr.

SPARE RESSOURCEN

Anbieter mit ökologischer Geschäftspolitik setzen sich aktiv für die Energiewende und den Ausbau erneuerbarer Energien ein. Entscheidest du dich für einen Ökostrom-Anbieter, unterstützt du demnach den Ausbau der nachhaltigen Energieversorgung.[74]

SEI UMWELTHELD/IN

Durch die Nutzung von Ökostrom kannst du indirekt dafür sorgen, dass weniger Braunkohle abgebaut und weniger Strom aus Atomkraft gewonnen wird, weniger Rußpartikel in unsere Luft abgegeben werden und die Umwelt einfach weniger mit Schadstoffen belastet wird.

 TIPP

Achte bei Ökostrom-Anbietern auf die aufgeführten Siegel. Diese garantieren, dass der Anbieter nicht an Atomkraftwerken beteiligt ist.

50. Spare eine Menge Energie durch richtiges Heizen.

Zwei Drittel des Energieverbrauchs eines Haushalts entsteht durch das Heizen. Durch richtiges Heizen kannst du demnach einen weiteren Beitrag dazu leisten, nachhaltiger zu leben. Wichtige Info vorab: Es geht mir nicht darum, dass du mit Winterjacke und dicken Socken zuhause sitzt! Es geht mir vielmehr darum, dass du prüfst, wie du dein Heizverhalten in deinem Haus oder deiner Wohnung optimieren kannst. Gibt es Räume, in denen du dich selten aufhältst, dann heize diese nur minimal. Im Schlafzimmer reicht oft eine Wärmflasche für die Nacht, anstatt einer voll aufgedrehten Heizung. Hast du die Möglichkeit, die Temperatur in deinen Räumen auf das Grad genau zu regeln, werden folgende Stufen werden vom Umweltbundesamt empfohlen: 20 °C im Wohnbereich, 18 °C in der Küche, im Schlafzimmer: 17 °C.[75] Drehe die Heizung erst dann auf, wenn es draußen wirklich kalt ist.

Unser Vermieter macht das perfekt. Die Heizung geht am ersten Oktober an und am Ende April wieder aus. Wenn es in einem Jahr später kälter wird oder früher warm, dann passt er das den äußeren Bedingungen an. Menschen in grundsätzlich kälteren Gebieten heizen selbstverständlich früher. Zuletzt der Klassiker: Mehrere Male am Tag Stoßlüften für eine Dauer von ca. fünf Minuten. Denn lässt du deine Fenster den ganzen Tag auf Kipp stehen, kühlen die Wände aus und es wird mehr Energie benötigt um den Raum wieder zu erwärmen.

Übrigens, je mehr Wohnfläche du hast, desto mehr heizt du. Vielleicht kommt eine geringere Wohnfläche für dich in Frage? Lies dir dann gern den nächsten Tipp durch!

SPARE GELD

Drehst du die Temperatur nur um einen Grad herunter, kannst du bei einer Gasheizung bis zu 115 Euro pro Jahr einsparen. Durch regelmäßiges Stoßlüften (anstatt die Fenster anzukippen) könnten in einem 150 qm großen Haus bis zu 140 bis 240 Euro im Jahr gespart werden.[76] Eine ganz schöne Menge!

LEBE GESÜNDER

Lüftest du deine Wohnräume richtig, vermeidest du Schimmelbefall und beugst Atemwegserkrankungen vor.

SEI UMWELTHELD/IN

Du sparst durch bewusstes Heizen eine Menge CO_2 ein. Du sorgst dafür, dass weniger Energie für deine Heizung hergestellt werden muss, was wiederum Ressourcen schont.

51. Verkleinere deinen Wohnraum.

Dieser Schritt in Richtung Nachhaltigkeit ist für dich geeignet, wenn du darüber nachdenkst, (bald) umzuziehen. Jede/r Deutsche wohnt im Schnitt auf einem Wohnraum von 46,7 qm.[77] Jeder bewohnte Quadratmeter führt zu einem höheren Energieverbrauch, sei es durch das Beheizen, Reinigen oder Möblieren. Bevor du dir eine neue Wohnung suchst, schaue, was dir wirklich wichtig ist. Ist es vielleicht an der Zeit, Möbel auszusortieren, weniger zu besitzen und somit in eine kleinere Wohnung zu ziehen?

Mein Partner, unser Sohn und ich leben aktuell zu dritt in einer 80 qm großen Wohnung mit drei Räumen. Bald bekommen wir Zuwachs und eine Frage, die wir immer wieder gestellt bekommen, ist: „Und wann zieht ihr um?".

Lange Zeit war ich der Meinung, mindestens 70 qm zu benötigen, wenn wir zu zweit zusammenwohnen wollen. Die schönste Wohnung, in der wir gemeinsam lebten, war unsere erste - sie war 30 qm groß. Nach wie vor bin ich überzeugt davon, dass unsere 80 qm Wohnung für bald 4 Personen vollkommen genügt. Auch eine geringere Wohnfläche kann ich mir durchaus vorstellen. Für viele Menschen ist die Größe ihrer Wohnung noch immer ein Statussymbol. Für meine Familie und mich bedeutet eine kleine Wohnung ein entspannteres Leben. Ein kleinerer Wohnraum hat viele Vorteile!

SPARE GELD

Ein kleiner Wohnraum bedeutet weniger Mietkosten, geringere Heizkosten und weniger Reinigungskosten.

LEBE GESÜNDER

Hast du einen kleineren Wohnraum, besitzt du sehr wahrscheinlich auch weniger Dinge und konsumierst weniger. Du wirst dich freier fühlen.

GEWINNE ZEIT

Wohnst du auf 30 anstatt auf 60 qm, wirst du wahrscheinlich weniger aufräumen und weniger putzen, da du einfach viel weniger Fläche und Möbel hast.

SEI UMWELTHELD/IN

Kleinere Wohnräume müssen weniger beheizt und weniger gereinigt werden. Du schonst somit Ressourcen und sparst Verpackungsmüll, da du seltener Putzmittel kaufst.

52. Bestelle Werbung ab.

Gehört dein Briefkasten auch zu denen, die jeden zweiten Tag voller Briefe und Werbezettel sind?

Sammle einen Monat lang alle Post, die du bekommst. Schau dir an, was du für Post bekommst und prüfe, ob diese dich auch über einen anderen Weg (oder sogar gar nicht) erreichen kann. Kontoauszüge, Versicherungsscheine oder Gehaltsabrechnungen werden oft noch per Briefpost versendet. Ich bin mir ziemlich sicher, dass deine Bank und auch einige deiner Versicherungen bereits einen Online-Service eingerichtet haben, über den du entsprechende Informationen abrufen kannst. Viele Firmen bieten mittlerweile die elektronische Gehaltsabrechnung an.

Bekommst du noch Werbematerialien oder Flyer von bestimmten Firmen, bei denen du vielleicht ein einziges Mal vor Ewigkeiten etwas bestellt hast, dann schreib eine Mail an dieses Unternehmen und bestelle die Werbepost direkt ab. Trage dich außerdem in die Robinsonliste ein. Dies ist eine gemeinnützige Organisation. Sie schützt dich vor unerwünschten Werbesendungen und sogar Telefonanrufen.

Zu guter Letzt: Klebe einen „Keine Werbung Aufkleber" auf deinen Briefkasten.

SPARE GELD

Auf den ersten Blick spart weniger Post kein Geld. Auf den zweiten Blick wirst du mit weniger Werbung konfrontiert, was dich wiederum weniger zum Kauf von Dingen anregt. Du sparst demnach Geld, welches du wahrscheinlich sowieso nicht hättest ausgeben wollen.

GEWINNE ZEIT

Du gewinnst Zeit, da du Kontoauszüge nicht mehr abheften wirst, unnötige Werbung nicht mehr lesen und entsorgen musst.

SEI UMWELTHELD/IN

In 2018 wurden circa 18 Milliarden Briefe von der Post ausgeliefert. Davon waren mehr als die Hälfte Werbebriefe.[78] Beim Druck dieser Briefe wird unnötig Papier und Druckertinte verbraucht, da zur Herstellung von Papier Wasser und Holz benötigt werden. Zudem entsteht CO_2 bei der Auslieferung. Das alles kannst du so verringern.

Robinsonliste

53. Finde ein neues Zuhause für Dinge, die du nicht mehr brauchst.

31 kg Sperrmüll fielen pro Kopf in 2018 in Deutschland an.[64] Viele Dinge, die auf dem Sperrmüll landen oder in der Mülltonne entsorgt werden, könnten noch weiter genutzt werden. Du kannst gebrauchte Dinge an Freunde, Second Hand Shops oder gemeinnützige Organisationen geben oder sie über Social Media Gruppen verschenken. Du kannst sie über Online-Plattformen wie z.B. Ebay Kleinanzeigen, Flohmarkt-Apps, ggf. dein Firmen-Intranet oder Online-Gebrauchtwarenankäufer verkaufen. Du kannst sie von Trödel- und Antiquitätenhändlern in deiner Nähe verkaufen lassen oder du tauschst sie über lokale Tauschbörsen gegen etwas ein, was du wirklich benötigst.
Die Teilnahme an einer Kleidertauschparty ist z.B. eine schöne Idee für Kleidung, die du aussortieren möchtest. Triff dich einfach mit ein paar Freund/innen und jede/r bringt mit, was nicht mehr getragen wird. Im Gegenzug können sie sich etwas von den Dingen mitnehmen, die du nicht mehr brauchst. Ein weiterer Vorteil ist, dass du Zeit mit deinen Freund/innen verbringst. Auch Bücher eignen sich zum Tauschen innerhalb des Freundeskreises. Außerdem gibt es in vielen Städten und Gemeinden bereits die Möglichkeit, ausgelesene Bücher in einen Bücherschrank zu legen und sich dort „neue" zu holen. Oder du leihst dir Bücher in einer Bibliothek.
Oft kann es aufwendiger sein, dafür zu sorgen, dass ein Gegenstand von einem anderen Menschen weiterbenutzt wird, als ihn einfach wegzuwerfen. Dennoch gibt es eine Menge Vorteile, denn es können sehr viele Ressourcen gespart und vor allem andere Menschen sehr glücklich gemacht werden.

SPARE GELD

Gebrauchte Artikel sind fast immer günstiger als neue Ware. Wir kaufen Kinderspielzeug Second Hand und sparen pro Stück mindestens 50 % im Vergleich zu neuen Produkten.

LEBE GESÜNDER

Kleidung, die bereits öfter gewaschen wurde, ist meist weniger von Schadstoffen belastet, als neuwertige Kleidung.[79] Somit kommt deine Haut mit weniger Schadstoffen in Kontakt.

Gewinne Zeit

Ich habe öfters eine Kleidertausch-party veranstaltet und auch an einigen teilgenommen.
Das wunderbare daran? Ich habe viele meiner Freundinnen getroffen und Zeit mit ihnen gewonnen, die ich sonst nicht mit ihnen verbracht hätte.

Sei Umweltheld/in

Achtest du selbst darauf, weniger neue Produkte zu kaufen und bereits existierenden Produkten eine zweite Chance zu geben, werden weniger neue Produkte hergestellt. Es werden weniger Ressourcen für die Herstellung und Verpackung benötigt.
Sorgst du zudem dafür, dass Dinge, die du nicht mehr brauchst, von jemand anderem benutzt werden, kauft auch dieser Mensch weniger neue Produkte. Zudem sparst du Ressourcen bei der Entsorgung deiner gebrauchten Gegenstände ein. Denn viele dieser Dinge müssten vielleicht sogar abge-holt und gesondert entsorgt werden.

54. Kaufe energiesparende oder gebrauchte Elektrogeräte.

Achte beim Kauf neuer elektronischer Geräte darauf, dass diese die Energie-effizienzklasse A++ oder besser haben. Diese Geräte benötigen teilweise weniger als die Hälfte des Stroms, des Stroms, den ein Gerät mit einer niedrigeren Klasse verbraucht (wie B, C). Prüfe wann immer möglich, ob du bestimmte Geräte auch gebraucht kaufen kannst.
Ich habe mir in den letzten fünf Jahren kein neues Smartphone zugelegt, da ich immer das gebrauchte Smartphone meiner Mutter bekommen habe.
Meinen Laptop habe ich gebraucht gekauft. Er wurde von einer Firma komplett überarbeitet, Teile wie der Akku ausgetauscht, auf einwandfreie Funktionalität geprüft und mit Garantie ausgeliefert.
Es kann sein, dass du das Gefühl hast, immer die aktuellste Technik haben zu müssen. Frag' dich einfach vor jedem Neukauf, warum du dieses Produkt haben möchtest und welchen Vorteil es wirklich für dich bringt. Vielleicht willst du es nur haben, weil es dir die letzte Werbung suggeriert hat? Vielleicht möchtest du damit angeben? Ist es das Geld wirklich wert? Es gibt so viele Vorteile, die für gebrauchte Geräte sprechen!

SPARE GELD

Gebrauchte Elektrogeräte sind im Schnitt 40 % günstiger als Neu-ware.[80] Für meinen gebrauchten Laptop habe ich um die 100 Euro weniger gezahlt, die ausgedienten Smartphones meiner Mutter erhalte ich kostenlos.

LEBE GESÜNDER

Werden weniger Neugeräte herge-stellt, landen weniger Chemikalien in unserer Umwelt.

SEI UMWELTHELD/IN

Für die Herstellung von Smartphones, die hier repräsentativ für sämtliche Elektrogeräte stehen sollen, werden einige Rohstoffe genutzt, z.B. erdölba-siertes Plastik, Aluminium, Kobald und Gold. All diese Rohstoffe müssen erst einmal abgebaut werden und dafür ist eine Menge an Wasser und Energie erforderlich.[81] Allein in Deutschland werden aktuell 54 Millionen Smart-phones genutzt, das ergibt eine ziemlich große Menge an Rohstoffen.[65] Zudem ist die Produktion elektronischer Geräte sehr energieintensiv. Nutzt du gebrauchte Geräte, sorgst du dafür, dass weniger Geräte hergestellt und damit weniger Energie und weniger Rohstoffe verbraucht werden. Zudem bleiben Geräte so Teil des Kreislaufs, werden länger genutzt und nicht ein-fach weggeworfen.

 TIPP

Vor allem nach den Weihnachtsfeiertagen bietet es sich an, auf Portalen wie z.B. Ebay Kleinanzeigen nach Elektrogeräten zu schauen. Viele ungewollte Geschenke werden nach den Feiertagen auf Plattformen wie ebay Kleinanzeigen zum Verkauf angeboten. Dazu gehören durchaus auch elektronische Geräte! Schau' gern auch einmal nach so genannten „refurbed" Geräten. Das sind häufig Ausstellungsstücke, die weiterverkauft werden.

Weitere gute Plattformen für gebrauchte Elektrogeräte sind:

➡ Medimops
➡ refurbed
➡ Rebuy
➡ Webseite des Zolls
➡ Märkte für Gebrauchtwaren in deiner Nähe

Kapitel 7 –
Nachhaltig Handeln im täglichen Leben

Wusstest du, dass...

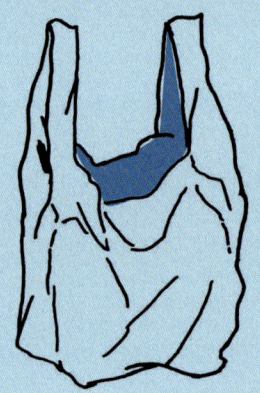

… jedes Jahr 2 Millionen Plastiktüten in Deutschland verbraucht werden?[82]

… jeder Deutsche im Schnitt 220 kg Verpackungsmüll pro Jahr produziert?[83]

... in Deutschland jährlich 2,8 Milliarden Einwegbecher verbraucht werden? Das sind 34 pro Person.[84]

... du sogar dein Geld nachhaltig anlegen kannst und dich nachhaltig versichern kannst?

... jeder andere Menschen inspirieren kann? Auch du?

30 Wege für mehr Nachhaltigkeit im täglichen Leben

55. Der Klassiker: Nimm einen Beutel mit zum Bäcker.

56. Nutze wiederverwendbare Stoffbeutel.

57. Probiere, ohne Strohhalm zu trinken.

58. Plane deinen Tag vor.

59. Nimm einen Coffee To Go-Becher mit.

60. Lass' dir Reste einpacken.

61. Integriere mehr Bewegung in deinen Alltag.

62. Mach das Licht aus.

63. Heute mal fleischfrei Essen?

64. Lege dein Geld nachhaltig an.

65. Finde einen guten Versicherer.

66. Drucke heute einmal nichts aus.

67. Repariere etwas, das du besitzt.

68. Baue etwas selbst.

69. Leihe etwas, anstatt es neu zu kaufen.

70. Entsorge deine Zigaretten-Stummel richtig.

71. Spreche mit jemanden über die Dinge, die du machst.

72. Verschenke etwas nachhaltiges.

73. Pflanze etwas an.

74. Werde aktiver für die Umwelt.

75. Lehne dankend ab.

76. Bedanke dich bei Mitstreitern – auch für kleine Taten.

77. Nutze nachhaltige Hygieneprodukte.

78. Teste eine Menstruationstasse.

79. Feiere eine Zero Waste Party

80. Nachhaltige Dekoration

81. Informiere dich weiter.

82. Hundehäufchen nachhaltiger aufsammeln.

83. Spielzeug für Haustiere.

84. Futter für Tiere.

55. Der Klassiker: Nimm einen Beutel mit zum Bäcker.

Lasse dir bei deinem nächsten Bäckerei-Besuch dein Brot oder deine Brötchen einfach in deinen eigenen Beutel legen. So sparst du bei jedem Besuch beim Bäcker eine Tüte aus Papier ein.

56. Nutze wiederverwendbare Stoffbeutel.

Ob im Supermarkt, auf dem Wochenmarkt für eine Handvoll Pilze oder für den kompletten Wocheneinkauf - deinen eigenen Beutel dabei zu haben, wird sich für dich lohnen. Auf diese Weise vermeidest du die Nutzung von Plastiktüten und umgehst den Kauf von Papiertüten beim Lebensmitteleinkauf. Packe die Stoffbeutel in deinen Rucksack, deine Tasche oder deponiere einen in der Schublade auf der Arbeit. Hänge einen Beutel sichtbar an deine Haustür. Wenn du es geschafft hast, ein paar Wochen lang immer an die Beutel zu denken, dann klappt das auch zukünftig.

57. Probiere, ohne Strohhalm zu trinken.

Sage bei jeder Getränkebestellung, dass du keinen Strohhalm möchtest und kaufe keine mehr für zuhause ein. So trägst du erheblich zur Reduzierung der mehr als 40 Milliarden Strohhalme bei, die wir Deutschen jährlich nutzen. Das sind 25.000 Tonnen Kunststoff!

58. Plane deinen Tag vor.

Denke morgens kurz darüber nach, was du an diesem Tag vorhast und was du bereits morgens vorbereiten kannst: Gehst du abends mit Freund/innen essen, dann packe dir eine Dose für eventuelle Reste ein.
Bist du zum Beispiel länger unterwegs, pack dir einen Snack ein. So vermeidest du spontan entstehenden Verpackungsmüll.

59. Nimm einen Coffee To Go-Becher mit.

Mittlerweile geben viele Anbieter einen Rabatt von 10 bis 20 Cent pro Kaffee, wenn du deinen eigenen Becher mitbringst. Trinkst du jeden Tag einen Coffee To Go, sind das knapp 50 € pro Jahr. Noch mehr Geld sparst du natürlich, wenn du dir den Kaffee direkt von zuhause mitnimmst. Zudem vermeidest du durch die Nutzung deines eigenen Bechers jede Menge Müll und schonst die Wälder: Allein in Deutschland werden circa 43.000 Bäume pro Jahr für die Herstellung von Coffee To Go-Bechern gefällt. Wir in Deutschland verbrauchen pro Stunde 320.000 Coffee To Go-Becher. 320.000 Stück, was für eine riesige Anzahl![85]

60. Lasse dir Reste einpacken.

Wenn du auswährst essen warst und danach direkt nach Hause gehst, dann nimm dir eine Dose für eventuell anfallende Reste mit. So sparst du dir die Styropor oder Plastikverpackung im Restaurant ein.

61. Integriere mehr Bewegung in deinen Alltag.

Gehe kurze Strecken zu Fuß oder fahre häufiger mit dem Fahrrad, anstatt mit dem Auto. Gerade bei gutem Wetter bringt das extrem gute Laune und du sparst Kraftstoff ein.

62. Mach das Licht aus.

Denke daran, das Licht abzuschalten, wenn du einen Raum verlässt und länger nicht mehr betrittst. So sparst du Strom ein. Mehr zu den Vorteilen findest du im Kapitel Haus und Wohnung.

63. Heute mal fleischfrei Essen?

Entscheide dich heute ganz bewusst für einen fleischfreien Tag. Vielleicht entdeckst du so ganz neue köstliche Gerichte und probierst mehr fleischfreie Gerichte aus. Bei der Haltung von Nutztieren werden eine Menge Ressourcen verbraucht, wie Wasser und Strom. Ein gemäßigter Verzehr senkt den Verbrauch und schont die Umwelt.

64. Lege dein Geld nachhaltig an.

Informiere dich über nachhaltige Banken. Es gibt Banken, die nachhaltig mit deinem Geld wirtschaften, indem sie ökologisch und sozial sinnvolle Projekte unterstützen. Mit jedem Euro auf deinem Konto gibst du deiner Bank die Möglichkeit, in verschiedenste Projekte und Geschäftsmodelle zu investieren. Dabei hast du keinerlei Einfluss darauf, ob deine Bank ein Projekt finanziert, das eventuell umweltschädlich oder ethisch bedenklich ist. Würdest du wollen, dass dein Geld den Bau neuer Chemiefabriken fördert? Sogenannte faire Banken investieren dein Geld ausschließlich in Projekte, die ethisch vertretbar sind und ökologisch nachhaltigen Zwecken dienen. Ausgeschlossen wird zum Beispiel, das Investitionen in Firmen getätigt werden, die Kinderarbeit oder die Atomindustrie unterstützen.

65. Finde einen guten Versicherer.

Einige Versicherungen arbeiten bereits mit Ökostrom und legen das Geld in nachhaltige Projekte an. Du kannst deinen Versicherer direkt ansprechen. Meine Versicherungsmaklerin war sogar so lieb und hat direkt dafür gesorgt, dass ich so wenig Post wie möglich von meinem Versicherer bekomme. Es gibt auch Versicherungsmakler/innen, die einen Teil ihrer Provision in ein von dir ausgewähltes Projekt spenden.

66. Drucke heute einmal nichts aus.

Oft denken wir gar nicht nach und machen ganz automatisch das, was wir immer machen - z.B. den Anhang einer E-Mail drucken. Schaffst du es auf der Arbeit, in der Schule oder in der Uni, alle Unterlagen digital zu lesen und zu bearbeiten? Vieles kannst du sogar digital unterschreiben. Wenn du das nächste Mal etwas drucken willst, überlege dir vorher, ob du es wirklich in Papierform benötigst oder ob dir die digitale Variante nicht vielleicht völlig ausreicht.

67. Repariere etwas, das du besitzt.

Hat deine Hose schon länger ein Loch? Nähe einen Flicken darauf. Ist die Schraube an der Lampe locker? Nimm dir die Zeit und schraube sie fest. Mittlerweile gibt es viele Repair-Cafés, in denen diverse Maschinen zur Verfügung stehen und Menschen vor Ort sind, die dir gern weiterhelfen. So kannst du defekte Dinge reparieren, statt sie wegzuwerfen und Ersatz zu kaufen.

68. Baue etwas selbst.

Hast du Lust, in deiner Wohnung etwas zu verändern? Überlege dir ein Projekt, das du komplett selbst umsetzen kannst, z.B. einen Tisch aus einer Palette. Gefällt dir dein Küchentisch nicht mehr, könntest du ihn ein wenig verändern, indem du zum Beispiel eine weiße Holzplatte auf der Tischplatte befestigst, anstatt dir einen komplett neuen Tisch zu kaufen. Du kannst dir auch ein Gewürzregel selbst bauen.

69. Leihe etwas, anstatt es neu zu kaufen.

Wusstest du, dass sich im Jahr 2018 rund 49 Millionen Bohrmaschinen in deutschen Haushalten befanden?[86] Wir nutzen unsere maximal ein Mal pro Jahr für eine Minute. Leihst du solche Geräte bei Freunden, Nachbarn oder im Baumarkt, schonst und sparst du eine Menge Ressourcen, da weniger neue Produkte hergestellt werden.

70. Entsorge deine Zigaretten-Stummel richtig.

Wenn du sowieso kein/e Raucher/in bist, perfekt. Was viele noch nicht wissen: Der Filter der Zigaretten enthält Plastik und viele andere schädliche Giftstoffe, wie Arsen, Blei, Kupfer usw.[87]. Wenn du deine Zigarette auf der Straße, im Wald oder am Strand entsorgst, gelangen diese Stoffe über das Grundwasser in die Umwelt und somit auch in unsere Nahrungskette.
Fische, die diese Stoffe aufnehmen, können sterben. Wenn du rauchst, achte darauf, deine Zigaretten immer in einem Aschenbecher zu entsorgen. Es gibt auch kleine Aschenbecher zum Mitnehmen, die du dann direkt am nächsten Mülleimer ausleeren kannst. Auch aus ökologischer Sicht lohnt es sich, mit dem Rauchen aufzuhören, da auch die Tabakproduktion jede Menge Wasser und Ressourcen verbraucht.

71. Spreche mit jemanden über die Dinge, die du machst.

Beim Frühstück mit der Familie, beim Mittagessen im Büro oder abends im Restaurant mit Freunden: Erzähle jemandem aus deinem Umfeld von den Dingen, die du gerade ausprobierst. Wenn du stolz darauf bist, dass du jetzt z.B. dein Deo selber machst, Ökostrom nutzt oder endlich deine Lieblings-Jeans wieder trägst, weil du sie repariert hast erzähle auch davon. Wenn du zeigst, wie schön dein Lebensstil ist und wie gut er dir tut, dann wirst du damit auch andere inspirieren.

72. Verschenke etwas Nachhaltiges.

Gibt es Anlässe, zu denen du gerne Dinge verschenkst, wie Geburtstage? Schau beim nächsten Mal, ob du ein nachhaltiges Produkt verschenken kannst. Verschenke waschbare Abschminkpads oder ein Pflegeprodukt, das du selber hergestellt hast. Oder spende im Namen eines anderen Menschen für eine gute Sache und schenke ihm im Anschluss ein entsprechendes Zertifikat über die in seinem Namen vollbrachte, gute Tat.
Auch so hast du die Möglichkeit, andere Menschen zu inspirieren.

73. Pflanze etwas an.

Kräuter oder eine Tomatenpflanze haben auch auf der kleinsten Fensterbank Platz. Oder lege eine Frühlingszwiebel in ein kleines Glas Wasser – sie wird weiterwachsen und du brauchst keine neue mehr zu kaufen. Gerade mit Kindern ist es wunderbar zu beobachten, wie das eigene Gemüse langsam immer weiter wächst, bis es geerntet werden kann. Hast du deinen eigenen kleinen Kräutergarten, brauchst du keine Kräuter mehr im Laden zu kaufen. Der Vorteil: Die Kräuter im Supermarkt sind oft verpackt und dazu oft in teurer kleiner Mengen.

74. Werde aktiver für die Umwelt.

Nimm an einem Clean-Up teil, besuche z.B. eine Umwelt-Demo oder eine Veranstaltung rund um das Thema Nachhaltigkeit. Wenn du dafür passende Schilder mit deiner Botschaft brauchst, kannst du diese aus alten Versandkartons basteln. Du wirst neue inspirierende Menschen kennen lernen und kannst dich austauschen. Vielleicht nimmst du sogar noch eine/n Freund/in mit.

75. Lehne dankend ab.

Bist du heute unterwegs auf einer Messe, einem Seminar oder ähnlichem? Dann sag ganz bewusst „Nein", wenn dir etwas angeboten wird, was du eigentlich nicht haben möchtest bzw. gar nicht brauchst. Beispiele dafür sind Werbe-Kugelschreiber, Programmhefte, Flyer, Gratisproben und vieles mehr.

76. Bedanke dich bei Mitstreitern – auch für kleine Taten.

Bedanke dich heute bei einem Menschen, der deinen Lebensstil und den Erhalt der Umwelt unterstützt. Das kann die/der Bäcker/in sein, die deine Brötchen in den Beutel packt oder die/der Kellner/in, die/der extra eine vegetarische oder vegane Alternative für dich auftreibt. Das kann ein Mensch sein, der dir eine Einladung digital anstatt per Briefpost sendet. Ein Social Media Kanal, dem du folgst und dessen Inhalte du sehr magst, die Freundin, die jetzt auch festes Shampoo nutzt, oder es sind deine Eltern, die dir dein Geschenk in alten Zeitungen verpackt überreichen.
Du wirst feststellen: Es gibt so viele Menschen, die ähnlich denken wie du und die dich auf deinem Weg begleiten und mit dir wachsen werden!

77. Nutze nachhaltige Hygieneprodukte.

Wusstest du, dass Tampons einen Plastikanteil von 6 % haben und Binden bis zu 90 % aus rohölbasiertem Kunststoff bestehen? Circa 12.000 bis 15.000 dieser Produkte nutzt eine Frau über ihr gesamtes Leben. Das bedeutet eine Menge Geld, das für diese Produkte ausgegeben wird, eine Menge Schadstoffe, die dem weiblichen Körper zugeführt werden, und eine Menge Müll, der entsteht.[11] Es gibt mittlerweile viele gute Alternativen zu herkömmlichen Tampons, Slipeinlagen und Co.
Anstatt von Einweg-Slipeinlagen und -Binden kannst du waschbare Alternativen aus Stoff nutzen. Diese sind in meinem Online-Shop erhältlich, du kannst sie dir jedoch auch selbst nähen. Achte beim Kauf darauf, dass sie aus Bio-Baumwolle bestehen. Die Slipeinlagen und Binden aus Stoff halten bei normaler Nutzung ein paar Jahre und ersparen dir eine Menge Geld und Müll. Es gibt mittlerweile auch schon Tampons und Slipeinlagen aus Bio-Baumwolle, die teilweise nur in Papier verpackt sind. Diese sind auch eine gute Alternative zu den bisher bekannteren Marken. Zum einen, da sie ohne Plastikverpackung auskommen, und zum anderen, da die Bio-Baumwolle weniger gedüngt wird und somit weniger Schadstoffe enthält

78. Teste eine Menstruationstasse.

Menstruationstassen gibt es mittlerweile seit einigen Jahren und erfreuen sich immer größerer Bekanntheit als Alternative zu Tampons und Binden. Die Tasse gibt es in unterschiedlichen Formen und Größen und wird ähnlich wie ein Tampon eingesetzt. Generell sind die kleineren Tassen für jüngere Frauen gut geeignet und die größeren Tassen für Frauen wie mich, die schon ein oder mehrere Kinder bekommen haben. Ich empfehle dir, vor der erstmaligen Benutzung mit Freundinnen zu sprechen, die bereits eine Menstruationstasse nutzen, oder im Internet nach Erfahrungsberichten zu suchen. Zudem lohnt es sich, mit deiner Frauenärztin/deinem Frauenarzt über das Thema zu sprechen.

Bei normaler Nutzung halten Die Menstruationstassen jahrelang und sparen dir eine Menge Geld. Sie kosten zwischen 6 und 30 Euro. Zudem sind sie wiederverwendbar und verursachen somit keinen Müll.

79. Feiere eine Zero Waste Party.

Vor drei Jahren habe ich meine erste Zero Waste Party in einem Park
gefeiert. Es gab selbstgemachte Deko, die wir seitdem immer wieder nutzen.
Teller, Gläser und Geschirr haben wir einfach aus unserer Küche mitge-
bracht. Wir haben bei der Einladung erwähnt, dass wir gerne zero waste
feiern möchten. Gutscheine für gemeinsame Unternehmungen willkommen
sind, falls uns jemand etwas schenken möchte. Zu Trinken gab es Bier und
Limonade aus Mehrwegflaschen, sowie Wein aus Glasflaschen. Die Vorbe-
reitungszeit ähnelte der, die wir auch bei vorherigen Partys benötigt hatten.
Der große Vorteil aber war: Es ist wirklich keinerlei Abfall entstanden!
Wenn es möglich ist und du darauf verzichten kannst, kaufe keinen Glitzer für
deine Party. Herkömmlicher Glitzer besteht meist aus Mikroplastik, das nicht
abbaubar ist. Es landet nach dem Duschen direkt im Grundwasser und in
unserer Umwelt. Ähnlich verhält es sich mit Glitzerkonfetti.

80. Nachhaltige Dekoration.

Liebst du das warme Licht von Kerzen? Viele Kerzen bestehen aus Erdöl und sind deswegen schädlich für unsere Umwelt. Für die Gewinnung von Erdöl werden Wälder gerodet. Zudem kann es durch Pipeline-Schäden oder andere Unfälle bei der Gewinnung und dem Transport zu Umweltschäden kommen. Jeder von uns kennt sicherlich die Geschichten von gekenterten Öltankern im Meer oder erinnert sich an das Leck und die Katastrophe der Deepwater Horizon.

Mittlerweile gibt es einige Alternativen wie Kerzen aus Rapsöl oder Soja-wachs. Zudem kannst du Kerzenreste wieder zu neuen Kerzen zusammen-schmelzen.

Hast du gerne Makramee-Deko Zuhause, kannst du diese selbst machen. Mittlerweile gibt es sehr viele Bastel-Utensilien aus recycelten Materialien und Baumwollgarn für Makramee. Nähst du gerne, frag in deinem Freundeskreis, ob jemand Stoffe für dich hat oder achte darauf, Stoffe aus Bio-Baumwolle zu kaufen. Diese ist weniger mit Schadstoffen belastet als herkömmliche.

81. Informiere dich weiter.

Schaue dir Dokumentation zu verschiedenen Nachhaltigkeitsthemen an. Es gibt einige gute Dokumentationen zum Beispiel zur Lebensmittelverschwen-dung: Taste the Waste. Oder dazu, was genau Plastik ist und wie es dem Menschen und der Natur schadet: Plastic Planet.

82. Hundehäufchen nachhaltiger aufsammeln

Eine Frage, die ich sehr oft von Hundebesitzer/innen gestellt bekomme, lautet: „Welche Alternative gibt es zu Hundekot-Beuteln aus Plastik?" Einige!

▶ Zeitungspapier.

▶ Müllteile, die in der Nähe liegen.

▶ Beutel aus Bio-Plastik (sie sind immerhin nicht aus Erdöl).

▶ Beutel aus Papier.

▶ Für das Katzenklo gibt es Streu aus Holz, das eine gute Alternative zum herkömmlichen Katzenstreu darstellt.

83. Spielzeug für Haustiere.

Auch hier gibt es viele Alternativen zu Plastikspielzeug:

▶ Greife zu Spielzeug aus Bambus.

▶ Kaufe gebraucht: Viele Dinge werden gekauft, ohne genutzt zu werden.

▶ Hebe Dinge von deinem ersten Haustier für das zweite auf.

▶ Baue aus Holzresten Dinge selbst, z.B. das Häuschen für deine Nagetiere.

▶ Stelle Spielzeuge selbst her, z.B. aus Wolle, Holz, Glöckchen uvm.

▶ Nutze dein altes Kinderspielzeug. Zum Beispiel ein Stofftier für ein Katze.

84. Futter für Tiere.

Wenn es um das nachhaltigen Essen für das Haustier geht, können einige Parallelen zu den Vorgehensweisen von uns Menschen gezogen werden:

▶ Nutze Geschirr aus Keramik und Trinkflaschen aus Glas.

▶ Achte auf Bio-Qualität beim Futter.

▶ Kaufe Großpackungen, das spart Müll.

▶ Koche öfter selbst und sorge so für Frische.

▶ Mache Süßigkeiten bzw. Leckerlis selbst.

▶ Kaufe Fleisch in der eigenen Dose, das ist mittlerweile bei vielen Metzgern möglich.

Kapitel 8 –
Nachhaltige Fortbewegung

Wusstest du, dass...

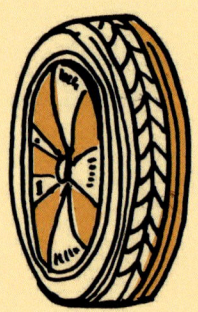

... das meiste Mikroplastik durch Reifenabrieb in unserer Umwelt landet?[88] Den Großteil machen dabei die Reifen von Autos aus, gefolgt von LKWs, Fahrrädern und Motorrädern.

... in 2019 mehr als 1,73 Millionen Tonnen Benzin nach Deutschland importiert wurden?[89]

… in 2019 mehr als 47 Millionen PKW in Deutschland gemeldet waren?[90]

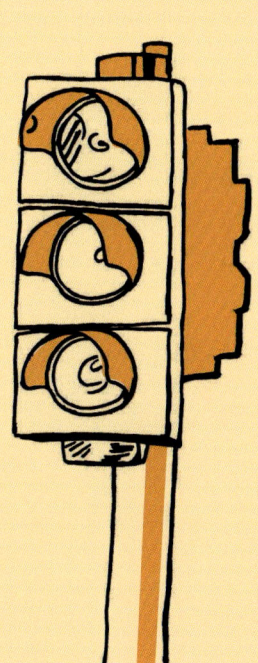

... im Durchschnitt jeder Mensch ganze zwei Wochen seines Lebens im Auto sitzend vor einer roten Ampel wartet?[91]

5 Wege für mehr Nachhaltigkeit bei der alltäglichen Fortbewegung

85. Fahre innerdeutsche Strecken mit dem Zug.

86. Fahre spritsparend.

87. Optimiere deine täglichen Wege.

88. Verzichte auf ein Auto.

89. Bilde Fahrgemeinschaften.

85. Fahre innerdeutsche Strecken mit dem Zug.

Ich selbst bin für meinen Job und auch, um meinen Bruder in Berlin zu besuchen, manches Jahr bis zu dreimal kurze Strecken geflogen. Ich war einfach davon überzeugt, mit dem Flugzeug schneller als mit der Bahn oder mit dem Auto zu sein. Mit dem Auto stand ich häufig im Stau und die Züge hatten sehr oft Verspätung. Zudem habe ich lieber die Zeit, die ich im Auto gesessen hätte, für etwas anderes genutzt.

In einem Jahr ist es mir dann passiert, dass ich auf drei Flügen insgesamt zehn Stunden Verspätung hatte und tatsächlich einmal fünf Stunden am Flughafen in Berlin festsaß. Seitdem fahre ich innerhalb Deutschlands nur noch mit dem Zug. Da ich die Wartezeiten am Flughafen nie sinnvoll nutzen konnte. Da ich den Flughafen nicht mehr verlassen konnte. Hat die Bahn einmal Verspätung kann ich immerhin noch den Bahnhof verlassen.

SPARE GELD

577 km sind es von uns bis zu meinem Bruder mit dem Auto. Bei einem Mittelklassewagen würden hier 43 Cent pro Kilometer anfallen (inklusive aller Kosten wie Reparaturen etc.)[92]. Eine Strecke würde mich demzufolge 248 Euro kosten. Bisher habe ich mit dem Zug maximal 50 Euro für eine Strecke bezahlt. Je nachdem, wann ich buche und fahre, kostet eine Strecke nach Berlin sogar nur 30 Euro. Ehrlicherweise muss ich zugeben, dass das Fliegen manchmal günstiger war: Lediglich 20 Euro pro Strecke. Dennoch ist die Zugfahrt vor allem im Vergleich zur Autofahrt deutlich günstiger.

GEWINNE ZEIT

Bei uns dauert es von Tür zu Tür nach Berlin zu meinem Bruder mit dem Zug 5 Stunden, mit dem Auto 6 Stunden und mit dem Flugzeug etwas mehr als 5 Stunden - inklusive aller Wartezeiten. Das Fahren mit dem Zug bedeutet für mich vor allem Zeit gewinnen, zu lesen, zu arbeiten oder einfach mal Filme zu schauen. Das geht beim Fliegen nicht. Die die reine Flugzeit ist zwar kürzer als die Zugfahrt, dafür muss ich aber viel Zeit für den Check-In und anderes einplanen.

LEBE GESÜNDER

Viele Deutsche die in der Nähe von Flughäfen wohnen, leiden unter Fluglärm. Zudem verschlechtert sich die Luftqualität in der Nähe von Flughäfen.[93]

SEI UMWELTHELD/IN

Der CO_2-Austoß einer Fahrt von Berlin nach Köln ist mit dem Zug am geringsten, nämlich fast sechsmal kleiner als die gleiche Strecke mit dem Flugzeug.[94] Zudem trägt die Verbrennung von Kerosin zur Erderwärmung bei. Diese Auswirkungen kannst du einfach vermindern, wenn du kurze innerdeutsche Strecken mit dem Zug oder dem Auto zurücklegst, anstatt zu fliegen.

86. Fahre spritsparend.

Wir wohnen in Köln und eigentlich brauchen wir kein Auto mehr für unseren Alltag. Dennoch besitzen wir es schon seit zehn Jahren und wenn es kaputt geht, werden wir uns kein Neues kaufen. Gerade in ländlicheren Gebieten ist ein Auto ein Muss, damit wir überhaupt einkaufen gehen oder zur Arbeit fahren können.

Durch eine spritsparende Fahrweise schonst du unsere Umwelt:

1. Schalte rechtzeitig hoch und beschleunige zügig.
2. Nutze solange wie möglich die Motorbremswirkung und gehe frühzeitig vom Gas, wenn du absehen kannst, dass es notwendig wird.
3. Da der Motor sich auf Kurzstrecken oft nicht erwärmt und im kalten Zustand mehr Sprit verbraucht, fahre kurze Strecken mit dem Rad oder gehe zu Fuß.
4. Sobald du absehen kannst, dass du mehr als 20 Sekunden mit dem Auto stehen wirst, schalte den Motor ab.
5. Alles, was du während der Autofahrt aktuell nicht benötigst, kann ausgeschaltet werden, z.B. der Lüfter, die Klimaanlage oder Steuergeräte.
6. Nimm so wenig wie nötig mit. Jedes zusätzliche Kilo, dass du in deinem Auto transportierst, sorgt für einen höheren Kraftstoffverbrauch. Wird z.B. der Fahrradträger aktuell nicht benötigt, baue ihn ab.
7. Achte auf den richtigen Reifendruck (du findest ihn in der Bedienungsanleitung oder im Tankdeckel) und auf die regelmäßige Wartung deines Autos.

SPARE GELD

Laut ADAC kannst du mit diesen Maßnahmen bis zu 20 % weniger Kraftstoff verbrauchen.[95] Das macht sich natürlich in deinem Geldbeutel bemerkbar.

LEBE GESÜNDER

Wie zu Beginn dieses Kapitels bereits erwähnt, entsteht das meiste Mikroplastik durch Reifenabrieb. Fährst du kurze Strecken nicht mehr mit dem Auto, wird weniger Mikroplastik in unsere Umwelt abgegeben und es landet weniger davon in unserer Nahrung.

SEI UMWELTHELD/IN

Weniger Kraftstoffverbrauch bedeutet auch weniger CO_2-Ausstoß. Fährst du zudem kurze Strecken öfter mit dem Rad oder gehst diese zu Fuß, sparst du noch mehr CO_2 ein.

87. Optimiere deine täglichen Wege.

Die meisten Menschen fahren täglich zur Arbeit, zur Schule oder zu anderen Aktivitäten. Mein Arbeitsweg betrug eine Zeit lang ca. neun Kilometer. Diese Strecke bin ich meistens mit der Bahn und auch mit dem Auto gefahren. Irgendwann fing ich an, nach der Arbeit nach Hause zu joggen. Erst einmal pro Woche und irgendwann sogar dreimal pro Woche. Im Sommer bin ich dann häufig mit Inline Skates oder dem Fahrrad nach Hause gefahren. Gibt es in deinem Leben auch solche Wege, die du ständig zurück legst und die du vielleicht anders sinnvoller nutzen kannst? Vielleicht probierst du es mal aus, die Bahn anstatt dein Auto zu nutzen und beantwortest schon einmal die ersten Mails während der Fahrt. Wir haben festgestellt, dass fast jedes Ziel, das wir in Köln erreichen wollen, mit dem Fahrrad am schnellsten zu erreichen ist, sogar oft schneller als mit der Straßenbahn. Wenn du kein Fahrrad hast, dann leih' dir doch eins aus und teste einfach mal, ob es dir gefällt.

SPARE GELD

Dadurch, dass ich meinen Arbeitsweg direkt für den Sport nutzte, bin aus dem Fitnessstudio ausgetreten. Spart mir 40 Euro im Monat. Bei einer Strecke von fünf Kilometern, die du ab sofort täglich mit dem Fahrrad anstatt mit dem Auto zur Arbeit fährst, kannst bis zu 240 Euro pro Jahr einsparen.[96] Du sparst Sprit und Abnutzung am Auto ein.

GEWINNE ZEIT

Dadurch, dass ich direkt nach Hause joggte, anstatt ins Fittnessstudio zu gehen, habe ich eine Stunde am Tag eingespart.

LEBE GESÜNDER

Gerade wenn du einen Job hast, bei dem du 8 Stunden am Tag sitzt, ist es durchaus förderlich für deine Gesundheit, dich mehr zu bewegen.

SEI UMWELTHELD/IN

Durch die Fahrten mit dem Rad zur Arbeit war ich wacher und fitter bei der Ankunft als nach Fahrten mit der Bahn. Vorher hatte ich oft auf dem Weg zur Straßenbahn einen kalten Kaffee im Supermarkt gekauft, in der Hoffnung, wach zu werden. Den kaufe ich nun nicht mehr, dadurch produziere ich weniger Plastikmüll. Zudem habe ich das Auto stehen gelassen, da ich feststellen musste, dass gerade in Köln (bestimmt auch in anderen größeren Städten) das Fahrrad häufig die schnellste Art der Fortbewegung ist. So stoße ich weniger CO_2 aus, tanke weniger und es entsteht weniger Mikroplastik durch Reifenabrieb.

88. Verzichte auf ein Auto.

Es gibt Menschen, die auf ein eigenes Auto angewiesen sind. Und es gibt Menschen, die nutzen stattdessen Carsharing, sobald sie mal ein Auto benötigen. Häufig haben Haushalte, die aus mehreren Personen bestehen, viel mehr Fahrzeuge als nötig. Wir hatten eine Zeit lang ein Auto, ein Fahrrad und einen Roller und das, obwohl wir direkt in Köln wohnen. Da hätte das Fahrrad eigentlich gereicht. Den Roller haben wir bereits abgegeben. Unser Auto besitzen wie noch, solange bis es nicht mehr fahrtüchtig ist. Wir haben uns dazu entschieden, es zu behalten, und fahren nur einmal die Woche damit. Meist zu Freunden die wir ohne Auto nicht erreichen würden. Es verursacht uns eigentlich nur Kosten, die wir uns sparen könnten. Denn auch, wenn wir wenig fahren, müssen Dinge wie leckende Kühlflüssigkeit repariert, Reifen getauscht und andere Reparaturen am Auto gemacht werden. Überlege dir, ob du dein Auto wirklich brauchst. Vielleicht machst du auch einmal eine Testwoche, in der du einfach nicht mit dem Auto fährst, und schaust, wie das für dich war.

SPARE GELD

Inklusive aller Kosten, die dazu gehören, kostet uns unser Auto mehr als 2000 Euro pro Jahr. Und das, obwohl wir nur einmal pro Woche damit fahren. Versicherung, Steuern, Reparaturen und diverses Zubehör - da kommt schnell Einiges zusammen. Würden wir auf unser Auto verzichten, würde sich das in finanzieller Hinsicht definitiv positiv auswirken.
Die gleichen Strecken könnten wir mit der ÖPNV zurücklegen und würden jährlich so aus Kosten von 1000 Euro kommen. Also deutlich weniger.

SEI UMWELTHELD/IN

Zum einen verringerst du deinen CO_2-Ausstoß, wenn du wirklich nur noch dann Auto fährst, wenn es nötig ist, und dafür idealerweise Carsharing nutzt, da du dein eigenes Auto bereits verkauft hast. Zum anderen benötigen Autos Stellplätze und somit viel Platz. Zum Bau von Parkplätzen werden große Flächen betoniert, die ansonsten z.B. Grünflächen hätten bleiben können.

GEWINNE ZEIT

Ein eigenes Fahrzeug ist immer mit Zeit und Aufwand verbunden. Das betrifft z.B. die Fahrten zur Werkstatt oder die Pflege des Fahrzeugs. Diese Zeit kannst du in andere Aktivitäten investieren, wenn du kein Fahrzeug mehr besitzt und nur öffentliche Verkehrsmittel nutzt.

 TIPP

Es gibt einen Kosten-Rechner vom ADAC, mit dem du ermitteln kannst, was dich dein Fahrzeug tatsächlich pro Jahr kostet.

89. Bilde Fahrgemeinschaften.

Wann immer es möglich ist, versuche eine Mitfahrgelegenheit zu finden bzw. eine Fahrgemeinschaft zu bilden. Prüfe den Weg zu deiner Arbeit, in den Kindergarten, in die Schule, zum Training und vielleicht findest du schnell weitere Menschen in deiner Umgebung, die einen ähnlichen Weg haben und ihr bildet eine Fahrgemeinschaft. Auch bei Reisen in eine andere Stadt lohnt sich die Suche nach Mitfahrgelegenheiten. Mittlerweile gibt es einige Online-Portal in denen du Mitfahrer finden kannst.

SPARE GELD

Bleibt dein Auto öfter stehen, sparst du automatisch Geld ein, da du weniger tanken wirst. Die eine Woche fährt der/die eine die andere Woche der/die andere. Du fährst deutlich weniger mit deinem eigenen Auto und ihr teilt euch die Kosten. Auch bei Mitfahrgelegenheiten, die du über Online-Portale buchst, zahlst du nur einen Teil der Streckenkosten.

GEWINNE ZEIT

Schaffst du es, dich z.B. mit anderen Eltern zu organisieren und Fahrgemeinschaften für die Schule oder die Kita zu bilden, so gewinnst du Zeit dazu, da dein/e Kind/er ab und zu von anderen Elternteilen mitgenommen werden. Bestenfalls werden sie sogar direkt von zuhause abgeholt, sodass du dir einen weiteren Weg sparst.

LEBE GESÜNDER

Weniger Fahrzeuge auf der Straße bedeuten weniger Abgase und damit weniger Luftverschmutzung, weniger Staus und damit nervenschonerndes Fahren.

SEI UMWELTHELD/IN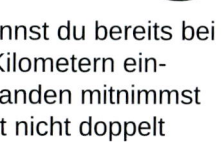

Bis zu 255 kg CO_2 kannst du bereits bei einer Strecke von 5 Kilometern einsparen, wenn du jemanden mitnimmst und die Strecke somit nicht doppelt zurückgelegt wird.[96]
Es entstehen weniger Abgase, es wird weniger Benzin verbraucht, wenn mehr Menschen mit einem Auto fahren, anstatt alleine. Möglicherweise kann es sogar sein, dass du dir kein Auto für den Weg zur Arbeit anschaffen müsst, wenn ihr jemanden findet der euch regelmäßig mitnehmen kann. Auch das spart Ressourcen, da weniger Autos produziert werden müssen.

Kapitel 9 –
Im Unternehmen

Wusstest du, dass...

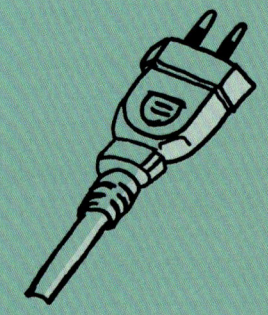

... die Stromkosten pro Arbeits-
platz mit ein paar einfachen
Stromspar-Maßnahmen im Büro um
bis zu 55 % gesenkt werden können?[97]

... der Papierverpackungsverbrauch in Deutschland so
hoch ist wie in keinem anderen Industrieland - selbst in den
USA nicht? Er liegt bei 241,7 kg pro Person pro Jahr.[98]

… im Jahr 2013 knapp 500 Millionen Kugelschreiber in Deutschland verteilt wurden und dass ein Großteil davon Werbekugelschreiber waren? Das sind 6,2 Kugelschreiber pro Kopf pro Jahr.[99]

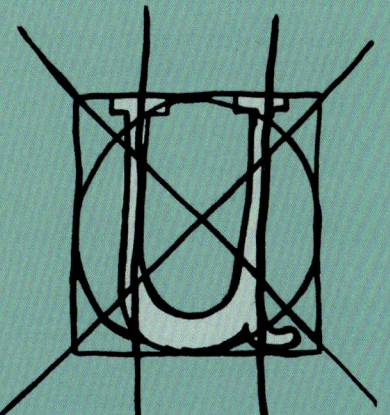

... es Schriftarten gibt, die beim Druck weniger Farbanteile verwenden als andere und du dadurch Toner sparen kannst.

6 Wege für mehr Nachhaltigkeit im Unternehmen

90. Lebe Nachhaltigkeit auf der Arbeit vor.

91. Verwende nachhaltiges Büromaterial.

92. Optimiere dein Druckverhalten.

93. Spare Strom im Gebäude.

94. Gestalte Veranstaltungen und Ausflüge nachhaltiger.

95. Verabschiede dich von unnötigem Werbematerial.

90. Lebe Nachhaltigkeit auf der Arbeit vor.

Perfekt wäre es, wenn seitens der Unternehmerin/des Unternehmers nachhaltige ökologische Strukturen geschaffen werden, denn diese bieten eine ideale Basis für nachhaltiges Handeln. Das setzt natürlich eine Offenheit für das Thema voraus.

Im Arbeitsumfeld finde ich es sehr wichtig, Nachhaltigkeit vorzuleben und sich mit den Kolleg/innen darüber auszutauschen. Gibt es noch weitere Menschen im Unternehmen, die das Thema wichtig finden und die Ideen haben, mehr Nachhaltigkeit im Unternehmen zu implementieren? Dann tauscht euch aus und sammelt Ideen. Stellt eure Ideen der Führungsebene vor und klopft ab, welche Spielräume vorhanden sind.

Es könnte ein/e Zuständige/r für Nachhaltigkeit ernannt werden, deren/ dessen Aufgabe es ist, das Arbeitsumfeld zu analysieren, Alternativen für mehr Nachhaltigkeit zu erarbeiten und den letztendlichen Vorteil für das gesamte Unternehmen darzustellen. Vor allem im Bereich der Mitarbeiter/ innengesundheit und Kosteneinsparungen werden viele unterschiedliche Anspruchsgruppen profitieren.

Möglicherweise hat dein Unternehmen auch Lust, Challenges zu fördern, wie z.B. „Gemeinsam mit dem Rad zu Arbeit". Eine weitere Möglichkeit besteht darin, jedem/r Mitarbeiter/in ein Bahnticket für den ÖPNV zu finanzieren bzw. es zumindest zu bezuschussen.

In deinem Arbeitsalltag kannst du schon mit ganz einfachen Dingen beginnen. Bringe dir dein Mittagessen von Zuhause mit, anstatt in der Pause beim Supermarkt etwas Verpacktes zu kaufen.

Stelle eine Glas auf in dem Kronkorken gesammelt werden können und gib diese an BlechWech weiter. Die sorgen für ein korrektes Recycling.

Hast du ein Firmenhandy, dann nutze dies solange wie möglich anstatt jedes Jahr ein neues Gerät zu erhalten.

91. Verwende nachhaltigeres Büromaterial.

Generell gilt auch hier: Weniger ist mehr. Unabhängig von der Größe deines Unternehmens kann schon ein erster Schritt sein, dass Büromaterialien nur an einer bestimmten Stelle ausgegeben werden und nicht überall herum liegen und frei zugänglich sind. Auf diese Weise kann ein verschwenderischer Umgang mit dem Vorhandenen eingedämmt werden.

Mittlerweile gibt es viele Materialien bereits aus Metall und/oder Holz, z.B. Anspitzer, Bleistifte, Lineale, Textmarker. Radiergummis gibt es z.B. aus Naturkautschuk.

Schenke neuen Mitarbeiter/innen einen personalisierten Kugelschreiber, indem du den Namen auf ihn drucken lässt. So geht er sicher langsamer verloren als ein herkömmlicher Kugelschreiber aus Plastik.

Für jegliches Papier, von Druckerpapier über Flyer und Grußkarten bis hin zum Toilettenpapier, kann auf Recycling-Papier zurückgegriffen werden.

SPARE GELD

Durch den bewussten Umgang mit dem Büromaterial achten Menschen, sehr wahrscheinlich, stärker stärker darauf, dieses zu behalten und nicht zu verlieren. Das spart Geld.

GEWINNE ZEIT

Es ist vergleichbar mit dem eigenen Zuhause. Liegt weniger in den Regalen, muss weniger aufgeräumt werden. Wird weniger verbraucht, muss weniger Zeit aufgewendet werden, Anbieter herauszusuchen, Preise zu vergleichen und

SEI UMWELTHELD/IN

Mittlerweile gibt es Produzenten, die direkt in Deutschland Büroartikel herstellen. Das spart Energieaufwand beim Transport. Auch Druckdienstleister für Flyer und andere Broschüren könntest du in deiner Region auswählen.

Online-Portale wie z.B. www.memo.de bieten zudem Büroartikel aus umweltfreundlichen Material.

92. Optimiere dein Druckverhalten.

Beim Drucken lässt sich bereits durch kleine Verhaltensänderungen Vieles nachhaltiger gestalten. Stelle z.B. die Voreinstellungen des Druckers direkt auf den doppelseitigen Druck.
Fallen Fehldrucke an, kannst du diese als Notizzettel verwenden.
Manche Schriftarten verbrauchen beim Druck weniger Farbanteile als andere. Die Ecofont-Schriftart wurde extra dafür entwickelt, den Tonerverbrauch zu senken. Auch die Century Gothic soll farbsparender sein.
Muss ein neuer Drucker angeschafft werden, und du hast die Möglichkeit bei der Auswahl des Druckers mit zu entscheiden, kannst du auf den Stromverbrauch achten. Denn jedes Drucken, Kopieren und Scannen verbraucht Strom und der Verbrauch variiert von Drucker zu Drucker. Zudem kannst du darauf achten, dass du einen Drucker wählst, der den Anforderungen gerecht wird. Hier gilt es einfach die Anforderungen abzufragen, wird ein Scanner benötigt? Ein Fax? Ein Druck in unterschiedlichen Größen? Dann nutzt ein Gerät, das alles kann.
Manche Anbieter bieten zudem wiederbfüllbare Patronen und Toner an - auch diese Möglichkeit solltest du in Anspruch nehmen.

SPARE GELD

Durch das Nutzen einer Toner-sparenden Schriftart können bis zu 30 % Druckertoner eingespart werden. Das heißt, der zumeist sehr teure Toner hält länger.
Das doppelseitige Bedrucken von Papier sollte bestenfalls dazu führen, dass die Hälfte der Papierkosten eingespart werden.

GEWINNE ZEIT

Musst du weniger oft neues Papier, Patronen oder Toner bestellen, sparst du Zeit. Und wenn du weniger druckst, sparst du dir Zeit bei den Wegen zum Drucker.

SEI UMWELTHELD/IN

Nutzt du wiederbefüllbare Patronen oder Toner, schonst du wertvolle Ressourcen, da die Neuproduktion der Hüllen wegfällt.
Auch das papiersparende Arbeiten sorgt dafür, dass weniger Bäume ihr Leben lassen müssen, da weniger Papier produziert werden muss.

⊕ TIPP

Wenn möglich und benötigt, kann das Papier aus dem Schredder zum Packen von Paketen genutzt werden.

93. Spare Strom im Gebäude.

Bewegungsmelder in Räumen, welche nicht so häufig betreten werden, helfen dabei, Strom zu sparen. Das sind z.B. Lagerräume, Toiletten oder Flure. Gibt es feste Zeiten, zu denen die Mitarbeiter/innen auf der Arbeit sind, dann ist es gerade im Winter sinnvoll, auch die Heizung an diese Zeiten anzupassen und gegebenenfalls auch Lichter zeitgesteuert abzuschalten. Zusätzlich können Steckdosenleisten mit An-/Aus-Schalter genutzt werden, so kann jeder dafür sorgen, dass beim Verlassen des Arbeitsplatzes alle Geräte abgeschaltet sind und nicht im Stand-By-Modus verbleiben.
Die Helligkeit von Bildschirm kann heruntergeregelt werden. Werden Computer nach einer bestimmten Dauer ohne Benutzung, automatisch, in den Ruhezustand versetzt spart auch dies Strom ein.

SPARE GELD

Bereits kleine Maßnahmen zur Verringerung des Stromverbrauchs können einiges an Geld einsparen. Schaue dazu gerne auch in das Kapitel Haus und Wohnung.

SEI UMWELTHELD/IN

Du sparst durch den bewussten Umgang mit Strom und Heizung eine Menge CO_2 ein. Du schonst knappe Ressourcen und sorgst dafür, dass weniger Anbaugebiete erschlossen und somit weniger Wälder gerodet werden müssen, um Strom zu erzeugen (siehe hierzu auch Kapitel Haus und Wohnung).

94. Gestalte Veranstaltungen und Ausflüge nachhaltiger.

Viele Unternehmen bieten Betriebsausflüge an, veranstalten ein Sommer- oder Weihnachtsfest oder führen Teamevents durch. Bei solchen Veranstaltungen gibt es viele Möglichkeiten, nachhaltiger zu agieren.
Für Veranstaltungen können z.B. immer wieder die gleichen bereits vorhandenen Werbemittel und Infomaterialien genutzt werden. Bei pfleglicher Lagerung halten Flyer, Roll-Ups usw. eine ganze Weile.
Für Firmenfeste kann die einmal beschaffte Dekoration immer wieder verwendet werden. Es gibt zudem Anbieter, die Deko-Artikel zum Mieten zur Verfügung stellen.
Für das Catering oder Essen kann ein lokales Catering-Unternehmen gebucht werden, welches in Bio-Qualität kocht. Hier kann zudem direkt abgesprochen werden, dass das Essen - soweit möglich - verpackungsfrei oder in umweltfreundlicher Verpackung geliefert wird.

SPARE GELD

Das Wiederverwenden von Dekoration und Infomaterialien spart Geld ein, da nicht zu jedem Anlass etwas Neues gekauft wird. Zudem können langfristige Beziehungen zu Lieferanten dazu führen, dass auf Dauer Rabatte gewährt werden.

SEI UMWELTHELD/IN

Jede/r, die/der zeigt, wie Nachhaltigkeit auch in das Berufsleben integriert werden kann, ist allein schon deswegen ein Umweltheld!

GEWINNE ZEIT

Werden Dinge wieder genutzt, muss keine Zeit aufgewendet werden, um Neues zu recherchieren und zu bestellen. Ist einmal ein guter Caterer aus der Region gefunden, ist das Essen schneller bestellt.

95. Verabschiede dich von unnötigem Werbematerial.

Kugelschreiber, Radiergummis und Gummibärchen sind häufig gekauftes Werbematerial, das schnell im Mülleimer landet oder vergessen wird. Ich war vor ein paar Jahren einer dieser Menschen, der zehn Kugelschreiber pro Woche brauchte, da ich es schaffte, diese innerhalb kürzester Zeit in der Firma zu verlieren. Mittlerweile gibt es nachhaltigere Werbematerialien, die die wirklich außergewöhnlich sind und so dafür sorgen, dass deine Marke potenziellen Kunden noch viel besser im Gedächtnis bleibt. Anstatt Plastik- oder Papiertüten könntest du z.B. Baumwollbeutel an potentielle Kunden verteilen. Um das ganze exklusiver zu machen, kannst du nachhaltigere Werbe-geschenke z.B. auf einer Messe persönlich überreichen, anstatt sie einfach an den Stand zu hängen. Dein Unternehmen könnte damit werben, dass es ganz gezielt auf Nachhaltigkeit achtet, gerade bei dem aktuellen Trend eine gute Werbebotschaft! Auch nach einem Meeting wirkt ein persönlich überreichtes Geschenk immer wertiger als eine Schüssel Gummibärchen mit deinem Logo, die am Empfang steht. Visitenkarten könnten abfotografiert werden oder du lässt dir direkt einen QR-Code erstellen. Dann kann dein gegenüber deine Kontaktdaten mit der Kamerafunktion direkt in seinem Telefonbuch speichern.

SPARE GELD

Geld sparen ist das Argument, wenn es um Nachhaltigkeit im Büro geht. Meist lassen sich Führungskräfte nur von etwas überzeugen, wenn es monetär einen Vorteil bringt. Weniger unnötiges Werbematerial spart Geld und gleichzeitig auch Arbeitszeit ein. Hier hilft es, sich anzuschauen, in welchem Bereich Geld für Werbung ausgegeben wird und was diese dann wirklich an Ver-käufen, Neukunden, Adressen oder Abschlüssen bringt. Ggf. können Budgets nach einer solchen Ana-lyse viel gewinnbringender verteilt werden.

GEWINNE ZEIT

Wird weniger Material verbraucht, wird seltener bestellt. Das spart Zeit bei der Bestellung, dem Design und beim Auspacken.

SEI UMWELTHELD/IN

Weniger neu produzierte Plastik-produkte bedeuten weniger Müll und weniger Recycling. Langlebigere Pro-dukte führen dazu, dass Ressourcen geschont werden.

Kapitel 10 –
Nachhaltigkeit
im Kinderzimmer

Wusstest du, dass...

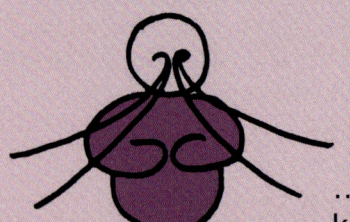

… Schadstoffe Kinder stärker belasten können? Das liegt daran, dass sie öfter atmen und noch nicht so gut "entgiften" können wie Erwachsene.[100]

… Heimtextilien für Kinder, wie z.B. Bettwäsche, Kissen und Teppiche, mit Flammschutzmittel, Fleckenschutzmittel oder antibakteriellen Substanzen versehen werden, die mit Schadstoffen belastet sein können und so ins Kinderzimmer gelangen?[100]

… einige Kinder eine zu hohe Belastung durch Weichmacher aufweisen? Viele Plastikspielzeuge enthalten Weichmacher, von denen ein Teil das Hormonsystem verändern oder Leber- und Nierenschäden hervorrufen können.[101]

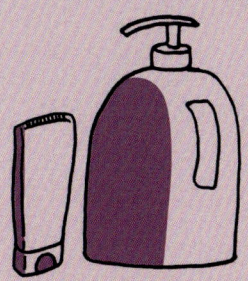

… auch in manchen Pflegeprodukten und Cremes für Babys Mikroplastik enthalten ist?[102]

… die Wickelkinder in Deutschland geschätzt 8 Millionen Windeln pro Tag benötigen?[103]

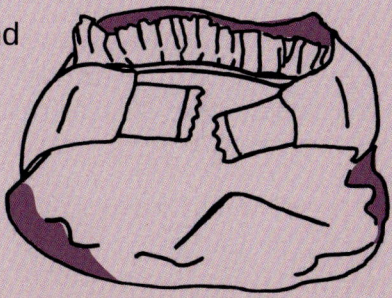

… in 2017 knapp 3,1 Milliarden Euro für Spielzeug ausgegeben wurde?[104]

13 Wege für mehr Nachhaltigkeit im Kinderzimmer

96. Weniger ist mehr.

97. Wähle Produkte aus Kautschuk oder Edelstahl anstatt aus Kunststoff.

98. Leihe Dinge aus oder teile sie mit anderen Familien.

99. Second Hand ist unsere erste Wahl.

100. Nutze waschbare Produkte anstatt Einwegprodukte.

101. Kaufe hochwertige Pflegeprodukte.

102. Informiere dich über Wickelalternativen.

103. Habe immer ausreichend Essen und Wasser dabei.

104. Achte auf gute Qualität bei Kinderkleidung und Ausstattung.

105. Bereite Feste und Geschenke frühzeitig vor.

106. Suche das offene Gespräch mit deiner Familie und mit deinen Freund/innen.

107. Erschaffe neue Dinge mit deinen Kindern.

108. Knete Rezept.

96. Weniger ist mehr.

Bevor du neue Dinge für dein Kind kaufst, überlege dir, ob du diese Dinge wirklich brauchst (bzw. dein Kind). Oft sind Kleiderschränke und Kinderzimmer überfüllt mit Spielzeug, Kleidung, Malutensilien, Rutschautos und vielem mehr und wir selbst wissen nicht mehr, wohin mit den vielen Sachen. Ich selbst trete öfter mal auf ein Holzklötzchen. Und ich kann mir gut vorstellen, dass es Kinder überfordert, so viele unterschiedliche Spielsachen zur Auswahl zu haben.

SPARE GELD

Kaufst du weniger Dinge ein, sparst du allein dadurch schon Geld.

GEWINNE ZEIT

Besitzt dein Kind weniger Dinge, seid ihr schneller beim Aufräumen und Sortieren der Kleidung und des Spielzeugs. Die gewonnene Zeit könnt ihr wiederum zum Spielen nutzen.

LEBE GESÜNDER

Dadurch, dass wir einfach weniger haben, liegt weniger herum und ich bin entspannter. Das ist besser für mich und wirkt sich somit auch positiv auf meine Beziehung und auf unser Kind aus.

SEI UMWELTHELD/IN

Kaufst du weniger Dinge ein, wird weniger produziert. Das spart Energie, Wasser und diverse andere Rohstoffe.

97. Wähle Produkte aus Kautschuk oder Edelstahl anstatt aus Kunststoff.

Angefangen beim Schnuller bis hin zur Brotdose für das Pausenbrot in der Schule - gute Alternativen zu Plastikprodukten gibt es mittlerweile einige auf dem Markt. Für dein Baby kannst du Schnuller und Flaschen-Trinkaufsätze aus Kautschuk verwenden. Zudem gibt es Saugflaschen aus Glas und Edelstahl. Die Flasche aus Edelstahl nutzen wir selbst für unseren Sohn, seitdem er zehn Monate alt ist, und sie wird bis in die Grundschule und länger halten. Mittlerweile ist unser Sohn 2,5 Jahre alt und das Einzige, was wir ersetzen mussten, war der Trinkaufsatz. Für das erste Jahr hatten wir einen Nuckelaufsatz, danach dann einen mit einer größeren Öffnung, der auch noch genutzt werden könnte, wenn er erwachsen ist. Unser Sohn hat außerdem eine Brotdose aus Edelstahl, seitdem er ein Jahr alt ist. Bei guter Pflege wird auch diese viele Jahre halten. Anstatt einer Wickelauflage aus Plastik kannst du eine aus Bio-Baumwolle wählen oder Handtücher nutzen. Unterwegs haben wir immer einen Brotbeutel aus Bio-Baumwolle am Wagen hängen - z.B. für den spontanen Besuch beim Bäcker.

SPARE GELD

Oft sind die Produkte aus Edelstahl oder Kautschuk langlebiger und allein deswegen lohnt sich der etwas höhere Anschaffungspreis. Dieser wird dich wahrscheinlich auch dazu verleiten, mehr darauf zu achten, diese Produkte nicht zu verlieren. Wir haben seit 1,5 Jahren nur zwei Schnuller für unseren Sohn und noch keinen davon verloren.

LEBE GESÜNDER

Vor einigen Jahren enthielten auch Trinkflaschen noch hormonverändernde Stoffe wie BPA. Die Nutzung von BPA in Schnullern und Trinkflaschen ist seit 2011 verboten. Achte auf die Kennzeichnung „BPA frei", die meist auf den Produkten aufgedruckt ist.[105] Die meisten Testergebnisse weisen aktuell keine Schadstoffe in Nuckelflaschen aus Plastik nach. Dennoch sind in Plastik viele weitere Stoffe, wie Weichmacher, enthalten, die du umgehen kannst.[105] Es können sich z.B. Stoffe aus den Plastikflaschen lösen und in die Nahrung übergehen, wenn warme bzw. heiße Inhalte hineingefüllt werden. Auch Wickelauflagen können Weichmacher enthalten, die sich gesundheitsschädlich auf die Entwicklung des Kindes auswirken können.[51]

SEI UMWELTHELD/IN

Besitzt du nur wenige hochwertige
Produkte, auf die du mehr achtest,
werden diese seltener oder sogar
gar nicht verloren gehen.
Das heißt, du kaufst weniger Dinge
ein. Es wird weniger produziert,
was Ressourcen spart. Generell ist
die Herstellung von Kunststoff-
produkten mit einer riesigen
Industrie verbunden und verbraucht
eine Menge Erdöl. Kaufst du diese
schnelllebigen Produkte nicht, spart
auch dies wieder Ressourcen bei
der Produktion.

98. Leihe Dinge aus oder teile sie mit anderen Familien.

Es gibt Dinge, die brauchst du vielleicht nur ab und zu. Reisebett, Fahrrad-anhänger oder Autositz sind solche Beispiele. Diese kannst du dir mit anderen Familien gut teilen. Gerade wenn in deiner Nachbarschaft weitere Familien mit Kindern leben und ihr guten Kontakt zueinander habt, sind Chat-Gruppen optimal für den Austausch. Außerdem lassen sich Spielzeuge und Bücher super teilen. Unser Sohn hat ca. 30 Bücher. Da wir diese nicht alle gleichzeitig lesen, haben wir einen Teil an eine Freundin von ihm verliehen. Mittlerweile gibt es auch die Möglichkeit, Spielzeug online auszuleihen - passend zu jeder Altersstufe. Solltest du eine Bibliothek in deiner Nähe haben, besuche bzw. nutze diese. Dort kannst du auch Bücher und Spielzeuge ausleihen. Das lohnt sich bereits für Kinder ab zwei Jahre.

SPARE GELD

Gerade Autositze sind sehr teuer. 350 Euro oder mehr fallen dafür an. Gute Fahrradanhänger kosten bis zu 700 Euro. Werden diese Dinge unter mehreren Familien geteilt, dann teilt ihr euch sicherlich auch die Ausgaben. Natürlich erfordert dies eine gute Abstimmung sowie Verlässlichkeit aller beteiligter Parteien. Weiterhin ist die Mitglied-schaft bei einer städtischen Bibliothek für Kinder oft kostenfrei. Und jedes geteilte oder ausgeliehe-ne Spielzeug oder Buch bedeutet ein gekauftes Produkt weniger, d.h. auch hier sparst du Geld.

SEI UMWELTHELD/IN

Jedes geteilte Produkt bedeutet, dass weniger konsumiert und somit weniger produziert wird. Das wiederum schont Ressourcen. Gerade Reisebetten, die eher selten über das Jahr gesehen genutzt werden, bestehen zu einem großen Teil aus Plastik - ein Kunststoff, der keinesfalls einen positiven Ein-fluss auf die Umwelt hat. Das Leihen und Verleihen von Dingen bringt dir zudem einen weiteren Vorteil, wenn es innerhalb deines Freundeskreises geschieht. Oft wohnen Freund/innen in der Nähe und du kannst das Tauschen bzw. Leihen von Dingen mit einem Besuch verbinden. So sparst du Treibstoff und Energieaufwand, den du sonst bei einer Shopping-Tour oder für eine Online-Bestellung des benötigten Produkts verursacht hättest.

99. Second Hand ist unsere erste Wahl.

Wir haben eine befreundete Familie, deren Kind zwei Jahre älter ist als unser Sohn, und konntcn einen Großteil ihrer Ausstattung nutzen: Von der gebrauchten Babyschale, über getragene Kleidung bis hin zu Spielzeug, für welches das Kind bereits zu groß war, haben wir alles bei der Familie geliehen. All das, was uns noch fehlte, haben wir in einem Second Hand Laden gekauft. Gerade bei Babys ist es sehr einfach, Dinge gebraucht zu kaufen. Die Kleidung im ersten Jahr wird meist nur drei bis sechs Wochen getragen und dann aussortiert. Aufgrund dieser kurzen Nutzungsdauer lohnt sich eine Neuanschaffung nicht. Fahrzeuge wie Rutschautos oder Laufräder werden knapp zwei Jahre genutzt. Danach sind sie noch immer fast wie neu und können von anderen Kindern gut weitergenutzt werden. Auch Dinge wie Stillkissen, Stillkleidung und Fläschchen können von Freunden ausgeliehen werden.

SPARE GELD

Teilweise bekommst du Bodys, Spielzeuge und Bücher bereits ab 50 Cent pro Stück auf Flohmärkten oder in Second Hand Läden. Das ist deutlich günstiger als der Neukauf! Gerade bei der Baby-Erstausstattung kommt eine Menge zusammen: Babyschale, Schaukel, Kleidung, Stillkissen, Decken, Mützen, Schlafsäcke etc.. Da wir die Erstausstattung nicht neu gekauft, sondern geliehen haben, haben wir circa 700 € gespart. Zudem kannst du selbst gebraucht gekaufte Dinge super weiterverkaufen, da die Nachfrage hier sehr hoch ist, zum Beispiel auf einem Kinderflohmarkt in deiner Nähe.

LEBE GESÜNDER

Second Hand Kleidung kann weniger Schadstoffe enthalten als Neuware, da diese durch die vorhandene Nutzungsdauer bereits herausgewaschen wurden.[106]

SEI UMWELTHELD/IN

Kaufst du weniger Dinge neu, sondern nutzt bereits vorhandene, spart dies eine Menge Ressourcen. Stöberst du zudem auf Flohmärkten, zu denen du mit dem Rad oder zu Fuß gehst, sparst du CO_2-Emissionen. Shoppst du weniger Kinderprodukte online, spart das Transportaufwand und Verpackungsmüll ein. Reisebetten und viele andere Dinge für Kinder bestehen aus Plastik. Kaufst du diese gebraucht, trägst du dazu bei, dass kein neues Plastik produziert werden muss. Das sorgt dafür, dass weniger Energie für die Herstellung anfällt und weniger Ressourcen wie z.B. Erdöl und Holz abgebaut werden.

 TIPP 1 - Toxfox-App

Achte beim Kauf von Second Hand Spielzeug darauf, wie alt dieses ist.
Bei alten Plastikspielzeugen ist es möglich, dass noch BPA enthalten ist, da
dieser Stoff erst zwischen 2000–2011 in vielen Ländern verboten wurde.
Zudem galten vor 30 Jahren andere Standards für die Herstellung von Kinder-
spielzeugen sowie für die Verwendung von Stoffen darin.[107]
Eine gute App, mit der du prüfen kannst, ob Produkte für Kinder Schadstoffe
enthalten, ist die Toxfox App.[108]

TIPP 2

Es gibt gute Apps für den Kauf gebrauchter Kinderprodukte, z.B. Ebay-
Kleinanzeigen und Mamikreisel. Zudem gibt es in jeder Stadt regelmäßig
Flohmärkte rund ums Kind. Verhandeln lohnt sich hier oft!
Hast du Freund/innen, die bereits Kinder haben? Die meisten Leute freuen
sich sehr, wenn sie ihre älteren Kindersachen an jemanden weitergeben
können. Auch in der Kita bieten sich Kleidertausch- oder Spielzeugtausch-
partys an!

100. Nutze waschbare Produkte anstatt Einwegprodukte.

Gerade auf dem Wickeltisch finden sich oft viele Dinge, die einiges an Müll produzieren und die du ganz leicht ersetzen kannst. Wenn du dein Baby wickelst, dann nutze zum Beispiel einen Waschlappen, um es zu säubern. Zudem sind Mulltücher ein sehr guter Ersatz für viele Einwegprodukte. Du kannst darin spontane Bäcker-Einkäufe verpacken, sie als Waschlappen oder Serviette nutzen, als Windel, Spucktuch, Kopfunterlage, Sonnentuch, Mütze, Sichtschutz im Kinderwagen oder beim Stillen, als Lätzchen, Sonnenblende im Auto, Geschenkpapier-Ersatz, Wadenwickel oder Pucktuch.

SPARE GELD

Ein Waschlappen hält bei uns 2 Jahre bzw. so lange, bis er vom Waschen durchlöchert ist. Insgesamt haben wir drei Stück für unseren Sohn. Sie stammen alle aus dem alten Bestand meiner Oma, waren also kostenfrei. Zum Vergleich: Eine Packung mit 80 Feuchttüchern (100 % wasserbasiert) kostet ca. 1,75 Euro. Im Schnitt benötigen wir pro Wickeln zwei Stück. Das sind 0,04 Euro pro Wickeln. Wenn wir unseren Sohn zwei Mal pro Tag über zwei Jahre hinweg zuhause wickeln würden, wären das 1460 Mal. Und damit knapp 32 Euro, die wir uns heute sparen.

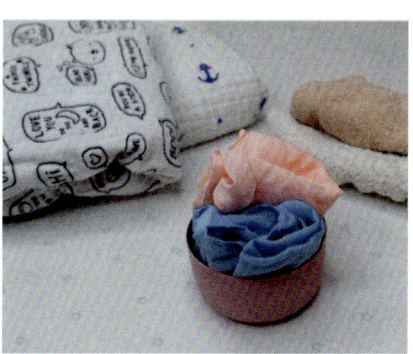

LEBE GESÜNDER

Viele der oben genannten Produkte (insbesondere Feuchttücher) sind oft unnötigerweise mit Duftstoffen oder anderen Chemikalien versehen. Sie können PEG-Derivate beinhalten, die dazu dienen, Öl und Wasser zu vermischen und das Tuch so feucht zu halten. Diese Derivate können die Haut des Babys durchlässiger für Fremdstoffe machen.[109] Die Alternative zu den Feuchttüchern sind Waschlappen. Tunke ihn vor dem Saubermachen deines Babys in warmes Wasser. Unser Sohn fand das richtig gut und hat beim Wickeln weniger geweint.

SEI UMWELTHELD/IN

Selbst Feuchttücher können Plastikbestandteile enthalten, die durch die Entsorgung in unsere Umwelt gelangen.[109]

101. Kaufe hochwertige Pflegeprodukte.

Es gibt Dinge, die habe ich erst festgestellt, als ich Mutter war. Als unser Sohn noch ein Baby war, haben wir in sein Badewasser einfach ein wenig Olivenöl gegeben. Später wollten wir gerne etwas zum Duschen für ihn haben, auch zum Haare waschen. Da ging es los. In der Drogerie ist jedes Baby- oder Kinderpflegeprodukt in Plastik verpackt. Zudem stellte ich fest, dass viele Kindershampoos und -cremes von großen Marken Mikroplastik enthalten.[102] Es gibt mittlerweile kleine Anbieter, die auf die Auswahl guter, d.h. gesundheitlich unbenklicher Rohstoffe achten. So setzt sich das feste Shampoo pur (siehe nach im Wastelsshero Online-Shop) aus Bio-Inhaltsstoffen zusammen, ist plastikfrei verpackt und für Kinder ab einem Jahr geeignet.[10] Für uns gilt allgemein bei Pflegeprodukten: Weniger ist mehr. Für die Hautpflege unseres Sohnes nutzen wir ganz selten ein wenig Öl (Raps- oder Olivenöl in Bio-Qualität). Das haben wir auch für die Babymassage genutzt. Zum Zähneputzen verwenden wir eine Bambus-Zahnbürste, für die Haare das gleiche feste Shampoo das auch ich nutze, oft sogar einfach nur Wasser, und zum Händewaschen sowie für den Körper die gleiche duftstoffreie und natürliche Seife, die auch wir nutzen.

SPARE GELD

Kinderpflegeprodukte kosten häufig etwas mehr. Wenn ich mir dann jedoch sicher sein kann, dass dort keine Schadstoffe enthalten sind, gebe ich das Geld gerne aus. Nutzt du die Produkte dann so wie wir, d.h. nur einige wenige Pflegeprodukte für die gesamte Familie anstatt viele unterschiedliche Produkte für jedes einzelne Familienmitglied, wird dies dennoch dazu führen, dass du Geld sparst.

GEWINNE ZEIT

Da wir dieselben Produkte für unseren Sohn nutzen wie für uns, steht weniger im Badezimmer. So sparen wir erneut Zeit beim Aufräumen und Putzen. Zusätzlich gewinnen wir mehr Zeit, da wir uns beim Einkauf nicht mehr damit auseinandersetzen müssen, welches Pflegeprodukt am wenigsten Schadstoffe beinhaltet.

LEBE GESÜNDER

Achtest du auf die Inhaltsstoffe in den Pflegeprodukten für Kinder, beschützt du dein Kind vor einer Menge Schadstoffe. So enthalten manchen Zahnpastas für Kinder Aluminium oder PEG-Derivate, welche lediglich dazu beitragen, die Zahnpasta schäumen zu lassen. Jedoch können sie gleichzeitig die Haut durchlässiger für Fremdstoffe machen.[110]

SEI UMWELTHELD/IN

Reduzierst du die Pflegeprodukte für dein/e Kind/er, wirst du weniger Plastikflaschen (Duschgel, Handseife etc.) einkaufen. Achtest du zusätzlich darauf, Produkte zu nutzen, die frei von Mikroplastik sind, sparst du wieder Plastik ein. All das lässt die Nachfrage und somit die Produktion sinken.

102. Informiere dich über Wickelalternativen.

Vielleicht hast du schon mal gehört, dass ein Kind zwischen 5000 bis 6000 Windeln benötigt, bis es trocken ist. Nutzt du Wegwerfwindeln, ist das ein Gewicht von knapp einer Tonne. Zudem zersetzen sich diese Windeln nur sehr langsam, von einer Dauer von bis zu 500 Jahren ist hier die Rede.[111]
Es existieren gute Alternativen zu den Windeln von großen bekannten Marken, um das Wickeln nachhaltiger zu gestalten. In vielen Drogerien gibt es mittlerweile Öko-Windeln, teilweise bestehen diese sogar aus Bio-Baumwolle. Achte beim Kauf darauf, dass die Windeln das Symbol „Blauer Engel" tragen. Mit diesem ist gewährleistet, dass das Material für die Windeln aus nachhaltiger Forstwirtschaft kommt. Zudem sind sie nicht mit Chlor gebleicht, es werden viele Schadstoffe ausgeschlossen und der Einsatz von Duftstoffen und Lotionen wird untersagt, um das Risiko für Allergien zu verringern.[112]
Stoffwindeln sind eine weitere Alternative. Bestehen diese dann noch aus Bio-Baumwolle, wählst du sogar die schadstoffärmste Variante zum Wickeln. Tagsüber verwenden wir Stoffwindeln und nachts Öko-Wegwerfwindeln. So können wir alle durchschlafen und verursachen dennoch erheblich weniger Müll. Bisher haben wir noch keine Stoffwindeln gefunden, die wirklich die ganze Nacht dicht hält. Eine weitere Alternative ist die Windelfrei-Methode. Viele Eltern schaffen es mittlerweile, dass ihr Baby von Beginn an abgehalten wird. Das bedeutet, dass das Kind von Anfang an über ein Töpfchen gehalten wird und sein Geschäft darin erledigt. Ich finde es schön, wenn sich jemand dazu entscheidet, diese Methode auszuprobieren. Noch schöner ist es, wenn es dann auch klappt. Bei unserem Sohn hat es leider nicht funktioniert.

SPARE GELD

Für viele klingt das vielleicht überraschend, aber trotz Waschaufwand sind Stoffwindeln günstiger als Wegwerfwindeln. Ein Set mit 20 Stoffwindeln aus Bio-Baumwolle kostet ca. 350 Euro.
Zudem können Stoffwindeln für mehr als ein Kind genutzt werden. Der Gebrauchtmarkt ist groß und so lässt sich auf die Dauer gesehen noch mehr Geld sparen, da die Windeln günstiger eingekauft und nach der Nutzung auch wieder verkauft werden können. So kannst du mit Stoffwindeln bis zu 1000 € einsparen (siehe Tabelle).

LEBE GESÜNDER

Werden Babys und Kleinkinder gewickelt, stehen sie in ständigem Kontakt mit Windeln. Sind darin gesundheitsschädliche Chemikalien, wird das Kind diesen rund um die Uhr ausgesetzt.

	Standard-Windel	Öko-Windel	Stoffwindel
Inhalt	Plastikfolie, Zellstoff, Klebeband, Gelkern	Bio-Folie, Zellstoff, teilweise Kunststoff als Saugkern	(Bio-)Baumwolle, Polyester, Hanf, Frottee
Preis	13-38 Cent, d.h. 650 bis mehr als 2000 € pro Kind	17-55 Cent, d.h. 850 bis mehr als 2000 € pro Kind	400 bis 900 € pro Kind (weniger, wenn gebraucht gekauft wurde)
Aufwand	Wenig	Wenig	Mehr, da Waschen
Vorteil(e)	Halten lange trocken	Hautfreundlich, nicht chemisch behandelt, freier von Chemikalien	Hautfreundlich, langlebig, schadstoffrei je nach Material
Nachteil(e)	Allergische Reaktionen möglich, eventuell chemisch behandelt	Nicht überall erhältlich	Mehr Aufwand

SEI UMWELTHELD/IN 🌍

Einige Studien besagen, dass Wegwerfwindeln weniger CO_2-Emissionen verursachen als Stoffwindeln. Werden Stoffwindeln allerdings für mehr als ein Kind und über einen längeren Zeitraum als die in der Studie angegebenen 2,5 Jahre genutzt, sind sie weitaus besser in der Bilanz. Machst du zudem die Waschmaschine komplett voll und wäschst häufiger bei 40 anstatt bei 60 Grad, nutzt du Ökostrom und trocknest die Windeln an der Luft, dann sind Stoffwindeln deutlich besser als Wegwerfwindeln. Du kannst so 40 % der CO_2-Emissionen einsparen. Bei Wegwerfwindeln kannst du den CO_2 Ausstoß durch keine einzige Maßnahme senken.[113] Nutzt du teilweise oder komplett Stoffwindeln bzw. Öko-Windeln, sparst du zusätzlich einiges an Kunststoff ein (Sauggranulat und Verschluss bei Wegwerfwindeln besteht aus diesem).

TIPP 1

Wenn du Stoffwindeln nutzt, achte auf die Waschempfehlung der Hersteller. Verwende bitte keinesfalls selbst gemachtes Waschmittel. Das hat bei uns dazu geführt, dass einige Windeln zu hart wurden und sich der Stoff aufgelöst hat. Wir nutzen mittlerweile ein ökologisches enzymfreies Waschmittel.

TIPP 2

Einige Gemeinden bezuschussen den Einsatz von Stoffwindeln, frag' einfach mal bei deiner Gemeinde nach.

TIPP 3

Nutze Einlagen aus Windelvlies, um das Häufchen einfacher aus der Stoffwindel herauszunehmen.

103.Habe immer ausreichend Essen und Wasser dabei.

Jede/r, die/der schon einmal mit einem vor Hunger weinenden Baby oder Kind unterwegs war, packt bereits automatisch vor Verlassen des Hauses Trinken und Essen ein. Das erspart einem viele sehr nervenaufreibende Situationen. Wir packen für unseren Sohn klein geschnittenes Obst und Gemüse, Nüsse, Rosinen, Oliven, Bananen, Mandarinen oder geschmierte Brote ein. Das erspart uns Spontankäufe im Supermarkt, bei denen wir sehr wahrscheinlich etwas kaufen würden, das in Plastik verpackt ist. Natürlich gehen wir auch öfter mal mit ihm zum Bio-Bäcker, dort bekommt er dann eine vegane Brezel oder ein Vollkornbrötchen.

SPARE GELD

Oft sind es die spontanen Käufe, die dazu führen, dass wir mehr Geld ausgeben.

GEWINNE ZEIT

Packst du das Essen direkt zuhause ein, sparst du dir unnötige Wege zum Bäcker, in den Supermarkt oder in die Drogerie.

LEBE GESÜNDER

Zuhause hast du die Möglichkeit, viele gesunde Lebensmittel zuzubereiten (z.B. Obst und Gemüse) und einzupacken. Unterwegs bleibt oft nur der Weg zum Bäcker und diese bieten nur selten gesunde und satt machende Produkte. Zudem wirst du häufig auf verpackte Lebensmittel treffen: Vom Quetschie über Trinkpäckchen und Plastikflasche bis hin zum Müsliriegel. Viele davon enthalten sehr viel zugesetzten Zucker oder zugesetztes Salz, was unnötig ist.[114]

SEI UMWELTHELD/IN

Snacks für Kinder sind, vor allem in der Drogerie, alle verpackt und verursachen viel Müll. Dieser Situation kannst du ganz leicht umgehen, wenn du Essen und Trinken bereits bei dir hast.

 TIPP 1

Die App „Refill Deutschland" zeigt dir an, bei welchem Café, Bäcker oder Restaurant du unterwegs gratis Wasser nachfüllen kannst.

TIPP 2

Hänge dir einen Baumwollbeutel an den Kinderwagen. So hast du ihn für den Notfall-Besuch beim Bäcker immer dabei und sparst eine Papiertüte ein. Oft reicht auch der Satz „Gern direkt auf die Hand, mein Kind isst das direkt."

104. Achte auf gute Qualität bei Kinderkleidung und Ausstattung.

In diesem Buch findest du ein Kapitel rund um das Thema (nachhaltige) Bekleidung und warum es wichtig sein kann, bei Kleidung auf gute Qualität zu achten. Schau dort gerne noch einmal vorbei. Gerade bei Kindern ist es sinnvoll, darauf zu achten, dass sie wenig schädlichen Chemikalien ausgesetzt werden. Auch bei Möbeln, Matratzen und Co. gilt es, die Bestandteile genau zu prüfen oder nach Testergebnissen suchen.

SPARE GELD

Nimmst du dir ausreichend Zeit für die Recherche nach einem neuen Gegenstand, bevor du ihn kaufst, ist die Wahrscheinlichkeit groß, dass du mit diesem zufrieden bist und nicht nach kurzer Zeit wieder neu kaufst. Viele Dinge bekommst du auch gebraucht günstiger, als wenn du sie neu kaufst.

LEBE GESÜNDER

Neue Einrichtungsgegenstände für das Kinderzimmer können Formaldehyd abgeben, welches im Verdacht steht, genetische Defekte auszulösen. Allerdings dünsten Möbel auch aus und so macht es Sinn, neu gekaufte Möbel ein paar Tage auf die Terrasse oder den Balkon zu stellen, bevor sie im Kinderzimmer landen. Die Alternative ist, gebraucht einzukaufen.

105. Bereite Feste und Geschenke frühzeitig vor.

Ob Taufe oder Kindergeburtstage - Feierlichkeiten mit Kind sind etwas Wunderschönes. Hier stehen das Kind und das Miteinander im Mittelpunkt. Dekomaterialien kannst du mit deinen Kindern vor der Party selbst basteln, oder bei Freunden leihen. Auch die Vorbereitung des Essens oder das Kuchenbacken könntest du mit deinem Kind zusammen machen. Unser Sohn rührt sehr gerne den Kuchenteig und probiert super gerne zwischendurch, wann immer es geht, ob der Teig schon schmeckt. Wir haben einfach Spaß zusammen. Wir haben uns dazu entschieden, unseren Kindern Zeit zu schenken, keine Dinge. An ihrem Geburtstag dürfen sie sich eine Aktivität aussuchen, die sie gemeinsam mit der Familie an diesem Tag erleben möchten. Zudem werden wir uns an jedem Geburtstag Urlaub nehmen, um eine entspannte Zeit zusammen zu haben. Zu Geburtstagen, Geburt und anderen Anlässen bekommt die Familie von uns eine explizite Wunschliste. So vermeiden wir ungewollte Geschenke, die oft nach zwei Tagen unbespielt in einer Kiste liegen. Bisher standen auf dieser Wunschliste: Bücher, Gutscheine für gemeinsame Unternehmungen wie einem Besuch im Schwimmbad. Alle, die keine Zeit schenken wollten oder konnten, haben dann einfach Geld geschenkt. Es war ein großartiges Erlebnis für uns alle, als unser Sohn zu seinem letzten Geburtstag einen Gutschein für ein gemeinsames Schwimmen von seinem Patenonkel und einen Gutschein für einen ganzen Vormittag Kekse backen von seiner Patentante bekam. Eine weitere Möglichkeit, ungewollte Dinge zu vermeiden, ist die Absprache mit der Verwandtschaft: Du kaufst das Geschenk und hast dabei freie Wahl und bekommt das Geld dann von dem entsprechenden Familienmitglied zurück erstattet und der/die Verwandte kann das Geschenk schlussendlich überreichen. So kannst du z.B. eine gebrauchte Eisenbahn kaufen, statt eine neue anzuschaffen.

SPARE GELD

Nutzt du Party-Deko mehrfach, bietest nur eine kleinere Auswahl beim Buffet an oder machst vieles selbst, kannst du bei jeder Feierlichkeit Geld einsparen.

GEWINNE ZEIT

Verschenkst du Erlebnisse an dein Kind oder bekommst diese von anderen geschenkt, gewinnt es Zeit mit Menschen, die es gern hat.

SEI UMWELTHELD/IN

Oft ist es unser Alltag, der kaum zulässt, dass wir entspannte Zeiten mit unseren Kindern verbringen können. Arbeit, Haushalt, Auto waschen, Einkaufen, der Wunsch nach Zeit ganz für uns allein. Das alles nimmt uns manchmal so stark in Beschuss, dass einfach die Zeit fehlt, ausgiebig mit den/m Kind/ern zu spielen. Das kann uns stark stressen und auch dazu führen, dass wir denken, wir hätten keine Zeit dafür, nachhaltiger zu leben. An was aus deiner Kindheit erinnerst du dich am meisten? Die tollen Spielzeuge oder eher die wunderbaren Weihnachtsabende, Urlaube und Spielenachmittage mit deinen Eltern, weiteren Familienmitgliedern und Freund/innen?

Wenn du Deko öfter nutzt oder an Freunde weitergibst, sorgst du so dafür, dass weniger produziert wird und das schont Ressourcen. Auch das Reduzieren von Geschenkten führt dazu, dass weniger konsumiert wird und bestenfalls die Hersteller so auch weniger produzieren.

106. Suche das offene Gespräch mit deiner Familie und mit deinen Freund/innen.

Eltern stehen vor vielen Herausforderungen. Sei es der Wunsch, Kind und Beruf in Einklang zu bringen, in die Rolle der Mama oder des Papas zu wachsen, sich um einen anderen Menschen zu kümmern, mit Verantwortung umzugehen und vieles mehr. Eine Sache, die ich oft beobachtet habe, war auch, dass Eltern über andere Eltern urteilen und das zum Teil sehr direkt. Wir hören z.B. sehr oft, dass vegane Ernährung für Kinder sehr schädlich sei. Unser Sohn isst zu 90% vegan. Wir hören häufig, dass Holzspielzeuge uncool sind und die aus Plastik viel schöner. Außerdem werden wir schief angeguckt, wenn wir sagen, dass wir Spielzeug im Second Hand Laden kaufen und bei der Ernährung auf Bio-Lebensmittel achten. Gerade in den ersten Monaten mit Baby gab es sehr oft Momente, in denen ich gemerkt habe, dass wir uns in vielen Punkten von anderen unterschieden. Dass wir trotz vieler anderer Meinungen unseren Weg zusammen gehen, macht mich unheimlich stolz!
In dieser Zeit habe ich gelernt, dass es super wichtig ist, mit Freunden und der Familie über genau solche Themen zu sprechen, z.B. wenn ein Baby auf die Welt kommt oder wenn du dein Leben nachhaltiger gestalten möchtest.
Auch wir haben das ein oder andere Plastikspielzeug neu geschenkt bekommen, Luftballons gab es auch ab und zu dazu. In solchen Situationen ist es enorm hilfreich, ein weiteres Mal mit dem Schenkenden darüber zu sprechen. Das kann auch zu einem späteren Zeitpunkt passieren.

Das offene Gespräch kann sich anfangs anstrengend anfühlen. Bei uns lohnt es sich in jedem Fall und ist demnach jede Anstrengung wert. Häufig dient es auch dazu, den Standpunkt des anderen zu verstehen. So schenken manche Menschen einfach lieber Geld als gemeinsame Zeit. Wenn du das einmal weißt, ist das okay.

Wir werden sehr oft von der Familie und den Freund/innen mit wunderbaren Dingen überrascht, die uns zeigen, dass Reden wirklich hilft. So hat meine Mama das letzte Geschenk in ein Handtuch verpackt. An Weihnachten bekamen wir Gutscheine: Sie verbringt Zeit mit unserem Nachwuchs und mein Partner und ich haben dadurch Zeit für uns zu zweit. Der Patenonkel schenkt nur selbstgebastelte Gutscheine, was uns zeigt, wie wichtig ihm sein Patenkind ist. Mein Papa schenkt unserem Sohn nichts, kommt dafür einen Tag pro Woche vorbei und spielt mit ihm. Das ist für beide viel schöner als ein neues Produkt.
Und zuletzt haben wir ein Rutscheauto geschenkt bekommen, das fast komplett aus Holz besteht und in Deutschland hergestellt wurde. Das zeigt uns, wie viel Zeit sich die Person für die Auswahl des Geschenks genommen hat und dass sie unseren Lebensstil respektiert. Das ist einfach unfassbar wertschätzend.

107. Erschaffe neue Dinge mit deinen Kindern.

Es gibt Dinge, die lassen sich ganz einfach selbst mit Kindern zusammen herstellen, z.B. Knete, Kleber oder Salzteig. Im Folgenden findest du drei Dinge, die wir gemeinsam mit unserem Sohn gemacht haben.

SPARE GELD

Selbermachen kostet häufig viel weniger als der Kauf fertiger Produkte. Um beim Bespiel der Knete zu bleiben: 4 Dosen Knete mit einer Menge von insgesamt 0,5 kg kosten 2,99 Euro. Eine vergleichbare Menge selbstgemachter Knete kostet 1,50 Euro.

GEWINNE ZEIT

Stellst du Dinge mit gemeinsam mit deinem Kind selbst her, gewinnt ihr wunderschöne Momente zusammen.

LEBE GESÜNDER

Selbst in einfachen Kinderspielsachen wie Knete konnten krebserregende Stoffe nachgewiesen werden.[115] Machst du Dinge selbst, weißt du genau, was darin enthalten ist und kannst sogar darauf achten, Bio-Rohstoffe zu verwenden.

SEI UMWELTHELD/IN

Oft kannst du für die Rezepte Dinge nutzen, die du sowieso zuhause hast, wie z.B. Mehl oder Salz. Verpacken kannst du die selbstgemachten Dinge in Gläsern. Demnach sparst du Verpackungen ein. Zudem sind Dinge wie Kleber oder Knete häufig in extrem viel Plastik und Papier verpackt.

KNETE

108. Rezept Knete.

Zutaten
10 gehäufte El Mehl
7 Tl Salz
1 El Öl
125 ml Wasser
Lebensmittelfarben oder
Gewürze zum Einfärben
(Kakao, Curry, Paprika,
Zimt)

Werkzeuge
Schraubglas zur
Aufbewahrung
Handrührgerät

Haltbarkeit
Lagerst du die Knete im
Kühlschrank, hält sie sich
bis zu 8 Wochen.
Sie sollte dann immer
noch elastisch sein.

Zubereitung
▸ Vermische alle Zutaten, außer dem Färbemittel, in einer Schüssel und knete solange, bis eine zähe Masse entsteht.

▸ Ist die Masse zu trocken, dann gibt nach und nach noch etwas Wasser hinzu.

▸ Zerteile die Masse nun in 2-3 Teile und färbe sie mit dem Pulver ein. Nimm zuerst nur einen halben Teelöffel des Gewürzes und probiere aus, wie die Farbe nach erneutem Kneten aussieht.

Kapitel 11 –
Auf Reisen

Wusstest du, dass...

… du mit einer Flugreise pro Jahr weniger, deutlich mehr CO_2 einsparst als mit einer vegetarischen Ernährung über 12 Monate und fast neunmal mehr im Vergleich zu einer regionalen und saisonalen Ernährung über 12 Monate![116]

… nur 10 % der Weltbevölkerung jemals in ihrem Leben geflogen sind?[117]

… in Deutschland im Jahr 2018 mehr als 71 Milliarden Euro für Urlaubsreisen ausgegeben wurden?[118]

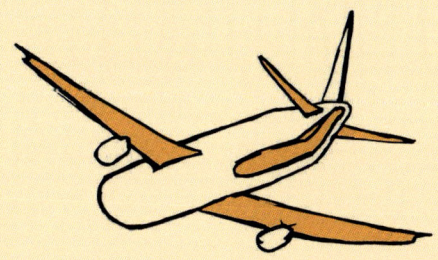

... ein Flug von Köln nach Los Angeles soviel CO_2 verbraucht wie 36.000 km Auto fahren?[119]

... die fünf größten Hotelketten der Welt gemeinsam mehr als 35.000 Hotels betreiben?[120] Das sind bis zu 1,3 Millionen Zimmer weltweit pro Kette.

... in 2018 in Hotels und anderen Unterkünften in Deutschland 477,6 Millionen Übernachtungen getätigt wurden?[121]

3 Wege für mehr Nachhaltigkeit beim Reisen

109. Warum verreist du?

110. Überdenke dein Flugverhalten.

111. Orientiere dich bei der Wahl einer Unterkunft an deinen persönlichen Bedürfnissen.

109.Warum verreist du?

Panama, Mexiko oder Japan für drei Wochen im Jahr, Schottland und Irland in Form eines Kurztrips im Herbst - so sah unser Urlaub häufig aus. Unseren Jahresurlaub haben mein Freund und ich zwei bis drei Wochen lang mit Rundreisen durch andere Länder verbracht. Die treibende Kraft dahinter war ich. Mir war es sehr wichtig, den Urlaub weit weg zu verbringen und neue Orte zu entdecken. Eine Kreuzfahrt habe ich bisher nur einmal gemacht und die fand ich wirklich sehr schön. Bei der Auswahl unserer Urlaubsziele orientierten wir uns an folgenden Fragen: Wo wollten wir immer schon mal hin? Wo lebt mein Bruder gerade? Wo ist es warm? Wo fahren andere hin? Oft erfährt man durch Zufall von einem wunderbaren Reiseziel, häufig wird mittels Werbung auch das ein oder andere Land beworben. Anfangs war uns für den Urlaub zudem wichtig, dass er nicht so teuer ist, denn wir befanden uns beide in der Ausbildung. Die ersten beiden gemeinsamen Urlaube verbrachten wir somit in Ägypten und auf Gran Canaria. Ich dachte lange Zeit, dass es mir wichtig sei, im Urlaub etwas Neues zu entdecken und fremde Länder zu bereisen. Was in jedem Urlaub wirklich schön war, war die gemeinsame Zeit, die wir hatten. Von morgens bis abends waren wir zusammen, frei von jeder Ablenkung. Irgendwann fiel mir auf, dass es völlig egal war, wo wir waren, ob an der Ostsee, in Oberstdorf oder weit weg in Japan. Die Hauptsache im Urlaub war und ist für mich noch immer, dass wir eine entspannte und lustige Zeit miteinander verbringen, egal wo wir sind. Als mir das so richtig bewusst wurde, konnte ich ganz leicht sagen „Ich möchte flugfrei leben.".
Diesen Gedanken sprach ich im Jahr 2018 bei unserer Rundreise durch Schottland aus.
Hinzu kommt, dass ich es liebe, wenn es warm und das Meer so nah wie möglich ist. Seitdem ich mir das bewusst gemacht habe, entscheiden wir bei unseren Reisen anhand dieser drei Dinge: Das Ziel muss ohne Flugzeug erreichbar sein, dort sollte es warm sein und das Meer ist idealerweise nicht weit entfernt. Auf diese Weise haben wir viele neue Orte erkunden können, die mit dem Zug gut von Deutschland aus zu erreichen sind. Dieses Jahr fahren wir z.B. mit dem Zug nach Südfrankreich.

Wir sehen unseren Urlaub nicht als Zeit zur Entspannung vom stressigen Alltag. Ich bin davon überzeugt, dass es kaum ausreicht, innerhalb von zwei Wochen zu entspannen und den nötigen Abstand zum Alltag zu bekommen. Viel sinnvoller ist es für mich, im Alltag selbst zu entschleunigen.

Schaue auf deine bisherigen Reisen zurück und frage dich, warum du diese gemacht hast? Wolltest du wirklich nach Thailand? Oder wolltest du nur dorthin, weil es alle machen oder es gerade günstig ist?
Überlege dir, was dir wirklich wichtig an einer Reise ist. Die gemeinsame Zeit mit einer Person, viele (sportliche) Aktivitäten oder einfach nur die Entspannung? Surfen kannst du z.B. gut in Frankreich. Entspannen funktioniert sehr gut unter den Palmen am Strand von Portugal oder Spanien.

SPARE GELD

Im Vergleich zu unsere damaligen Flugreisen sparen wir bei Reisen mit dem Zug tatsächlich Geld ein. Die Fahrt nach Frankreich wird pro Person knapp 100 Euro kosten. Der Flug nach Japan damals hat jeweils 500 Euro gekostet. Zudem fallen Aufwendungen für organisatorische Dinge wie Reisepass, Visum oder Impfungen weg.

SEI UMWELTHELD/IN

Seitdem wir nicht mehr fliegen, sparen wir eine große Menge CO_2 pro Jahr ein - viel mehr als durch unsere vegane Ernährung einsparen. Wir haben uns bewusst dazu entschieden, Anreise, Unterkunft und Aktivitäten vor Ort so umweltfreundlich zu gestalten, wie es uns möglich ist. Das spart in allen drei Bereichen Ressourcen ein.

GEWINNE ZEIT

Die Buchung unserer Reisen in weit entfernte Länder hat viel Zeit in Anspruch genommen. Bereits die Auswahl des Reiseziels hat sich oft über Wochen hingezogen. Nah gelegene Reiseziele können Zeit bei der Anreise sparen, sodass du schneller direkt im Urlaub bis. Bei manchen Reisen in weit entfernte Länder brauchst du vielleicht ein Visum oder eine Impfung. Beides erfordert viel Zeitaufwand.

110. Überdenke dein Flugverhalten.

Das Flugzeug ist das klimaschädlichste Reisemittel und gleichzeitig oft die einzige Möglichkeit, wunderschöne, entfernte Länder zu bereisen.[122]
Deshalb schlage ich dir hier ein paar Möglichkeiten vor, wie du deine Flugreisen ein wenig umweltfreundlicher gestalten kannst:

▸ Fliege so selten wie möglich. Anstatt vieler kleiner Kurztrips, verreise lieber über eine längere Zeit. Das spart Flugstrecken ein.

▸ Überlege vor der Reise, welche Art Urlaub du machen möchtest. Einen Wellnessurlaub kannst du z.B. auch in der Nähe machen, Surfen gehen kannst du in Frankreich oder Portugal. Je näher der Urlaubsort liegt, desto weniger belastest du die Umwelt mit der Anreise.

▸ Packe nur das ein, was du wirklich benötigst. Jedes Kilo, das ungenutzt durch die Gegend transportiert wird, verbraucht Energie.

▸ Du kannst deinen Flug kompensieren, hierfür gibt es bereits einige Portale im Internet. Das Umweltbundesamt bietet dir online einen CO_2 Rechner. Dort kannst du dir ausrechnen, wie viel CO_2 dein Flug ausstößt, und zahlst dann einen bestimmten Ausgleichsbetrag an eine Organisation, die diesen wiederum in Klimaschutzprojekte investiert. Bei einem Flug von Köln nach Los Angeles wären das ca. 140 Euro. Du kannst den entsprechenden Betrag auch direkt in ein von dir ausgewähltes Projekt investieren. Einen Anhaltspunkt für gute Klimaschutzprojekte bietet das „Gold Standard"-Siegel.[123] Damit werden Projekte zertifiziert, die nachweislich zur Senkung von Treibhausgasen führen und gleichzeitig sinnvoll für die Umwelt und die Bevölkerung sind. Übrigens kannst du auch Kreuzfahrten und andere Reisen auf diese Weise kompensieren. Natürlich wäre es besser, erst gar nicht zu fliegen oder auf das Kreuzfahrtschiff zu gehen, denn den CO_2-Ausstoß kannst du auf diese Weise nicht ungeschehen machen. Dennoch unterstützt du mit dem Betrag wichtige Projekte, die sich für den Klimaschutz einsetzen.

▸ Wähle deine Fluglinie mit Bedacht. Es gibt mittlerweile Fluglinien, die darauf achten, so wenig Müll wie möglich zu produzieren. Auch der Typ und die Auslastung des Flugzeugs spielen eine Rolle. Besser für die Umwelt ist es, wenn eine Maschine bis auf den letzten Platz belegt ist, als dass sie zweimal dasselbe Ziel bei halbvoller Auslastung anfliegt.

▸ Achte im Flugzeug darauf, weniger Ressourcen zu verbrauchen und weniger Müll zu verursachen. Nimm dir z.B. eine eigene Trinkflasche mit und lasse dir dort das Wasser hineinfüllen. So sparst du viele Plastikbecher ein. Auch Servietten kannst du dankend ablehnen.

LEBE GESÜNDER -☼-

Durch den Ausstoß von Stickoxiden im Flugverkehr verschlechtert sich die lokale Luftqualität.[124]
Im Zug kannst du öfter aufstehen und dich bewegen, was gerade mit Kindern zu einer entspannteren Reise führt.

SEI UMWELTHELD/IN

Der Bau von Flughäfen und vor allem der riesigen benötigten Flächen für Lande- und Startbahnen nimmt den Tieren und der Natur wertvolle Lebensräume weg.
Neben dem umweltschädlichen CO_2-Ausstoß entstehen bei der Verbrennung von Kerosin weitere umweltschädliche Stoffe, die zur Erderwärmung beitragen. Fliegst du weniger, werden weniger schädliche Stoffe ausgestoßen, bestenfalls werden weniger Flughäfen gebaut und du sparst eine Menge Müll bei der Verpflegung ein.

111.Orientiere dich bei der Wahl einer Unterkunft an deinen persönlichen Bedürfnissen.

Bei der Buchung von Unterkünften im Urlaub schauen wir, dass die Unterkunft zu unsere Bedürfnissen passt. Wollten wir möglichst viel eines Landes entdecken, haben wir meistens günstige, kleine Unterkünfte gebucht, häufig einfach ein Zimmer bei einer Familie im Haus. Zum einen hatten wir so die Möglichkeit, dort lebende Menschen kennen zu lernen, und zum anderen nutzten wir das Zimmer fast ausschließlich, um dort zu übernachten, sodass wir keine zusätzlichen Leistungen brauchten und ein kleiner Raum völlig ausreichte. Meistens haben wir nach ca. der Hälfte des Urlaubs eine Unterkunft mit Waschmöglichkeit gebucht, um Wäsche waschen zu können. Das war notwendig, da wir sehr minimalistisch unterwegs waren. So hatten wir für den Rest der Zeit wieder frische Kleidung zum Anziehen.

Für Kurztrips haben wir häufig Zimmer in Hostels oder in kleineren Hotels gebucht, die verkehrsgünstig lagen.

Gerade bei der Buchung von Unterkünften gibt es eine Menge Dinge, die du berücksichtigen kannst, um umweltfreundlicher zu reisen:

▶ Jugendherbergen und Hostels sind eine klimafreundliche Alternative. Sie sind oft sehr platzsparend gebaut, wodurch unter anderem Energie für die Heizung gespart werden kann. Zudem muss weniger geputzt werden, was Reinigungsmittel spart. Außerdem sind sie meist sehr minimalistisch eingerichtet, sodass deutlich weniger Möbel produziert werden müssen, um eine Jugendherberge oder ein Hostel auszustatten, als für die großen Zimmer von Hotelketten nötig wären. Häufig sind wir in anderen Ländern in Hostels gegangen. Das Wunderbare daran war, dass wir sehr schnell mit anderen Reisenden oder den Betreiber/innen vor Ort ins Gespräch kamen und auf diese Weise einen viel größeren Einblick in die dortige Kultur bekamen.

▶ Hast du Lust auf einen Hotelurlaub, dann informiere dich darüber, ob es nachhaltige Hotels im Urlaubsgebiet gibt. Gerade höherepreisige Hotels werben auf ihren Webseiten oft damit, wenn sie sich für die Umwelt einsetzen.

▶ Einige Hotels nutzen bereits Öko-Strom und achten darauf, Wasser zu sparen, weniger Müll zu produzieren und viele regionale Produkte anzubieten. Informationen dazu findest du auf den Webseiten der Unterkünfte.

▶ In vielen Ländern gibt es unzählige Bio-Hotels und Bio-Höfe. Das Essen wird hier in Bio-Qualität, häufig aus der Region angeboten, und es gibt meist vegane Optionen. Zudem wird für Wellness-Anwendungen Naturkosmetik genutzt.

- Mittlerweile kannst du bei einigen Online-Plattformen nachhaltige Unterkünfte buchen, z.B. veggie-hotels.de.
- Verzichtest du auf das Verweilen in großen Hotelketten und buchst Unterkünfte, die inhabergeführt sind, sorgst du dafür, dass dein Geld direkt vor Ort ankommt. Auf diese Weise unterstützt du zudem den Nachhaltigkeitsgedanken der jeweiligen Unterkunft.
- Achte auf die Lage deiner Unterkunft. Wir schauen immer, ob es eine Bus- oder Bahnhaltestelle in der Nähe gibt, von welcher aus wir die weitere Umgebung erkunden können. Zudem sind wir im Urlaub fast ausschließlich zu Fuß unterwegs und legen am Tag zwischen 10 und 15 km zurück. Auf diese Weise sehen wir am meisten von den Regionen.

SPARE GELD

Kleine Unterkünfte sind oft günstiger als größere Hotels. Eine Übernachtung in einem Hostel bekommst du oft schon ab 12 Euro pro Nacht.

SEI UMWELTHELD/IN

Kleinere Räume müssen weniger beheizt und gereinigt werden. Kleinere Unterkünfte können so Ressourcen sparend sein. Wählst du nachhaltige Unterkünfte, die Ökostrom nutzen und z.B. regionale Lebensmittel anbieten, unterstützt du das Modell des nachhaltigen Reisens. Sind die Speisen dieser Unterkünfte zudem noch biozertifiziert, sorgst du auch im Urlaub dafür, dass mehr Lebensmittel ohne Pestizide angebaut werden.

QUELLEN GEFÄLLIG?

Du willst noch schnell wissen woher ich das alles weiß? Das Quellenverzeichnis findest du hier:

www.wastelesshero.com/nachhaltigkeits-buch